聂鲁达传:闪烁的记忆

Neruda:Memoria Crepitante

[智利]维吉尼亚•维达尔 著
崔子琳 译

译林出版社

目录

寄中国读者

中国在我心中

聂鲁达挚友，1971年诺贝尔文学奖颁奖典礼唯一的拉美记者

智利作家、小说家、文学艺术评论家　**维吉尼亚·维达尔**

1927 年，二十三岁的聂鲁达前往缅甸仰光赴任领事一职。1928 年年初，诗人第一次踏上中国的土地。他从香港九龙到广东的途中在上海逗留了几天。同年 2 月份，聂鲁达写下了其在中国期间的游记，寄给智利《民族报》，同年 4 月 8 日刊登。

1951 年，聂鲁达第二次访华。那是 1951 年的 8 月份，聂鲁达来到北京会晤孙中山的遗孀宋庆龄，并结识了许许多多的中国作家和诗人。他们成为了朋友，其中有些人甚至走访了智利。

聂鲁达第三次访华是1957年。诗人来到重庆，并乘坐游轮渡长江经过三峡。深入华夏肺腑的旅行让聂鲁达亲身体会了中国千年的历史，并以新的眼光审视中国的山河、村庄和勤劳的人民。

聂鲁达几次访华的经历孕育了《葡萄园和风》。我的长子诞生时，聂鲁达曾把这本诗集送给我；正是它，让我与中国结下了不解之缘。

一次，我去聂鲁达家进餐。诗人家中有一只巨大的来自海南的蚌——砗磲，桌上放着一只指南针。聂鲁达的妻子马蒂尔德·乌鲁蒂亚还带我看了她卧室墙上挂着的一幅名为《八十七神像》的中国画。

聂鲁达为了促进中智两国人民的友谊曾做出不懈努力：他和智利总统萨尔瓦多·阿连德①、智利画家何塞·万徒勒里②一起创办了拉美第一个对华友好组织——智利—中国文化协会

---

① 萨尔瓦多·阿连德（1908—1973），智利著名社会党人，1970—1973年任智利总统。——译者注，后同。

② 何塞·万徒勒里（1924—1988），智利著名画家，知名对华友好人士。

（智中文协）；它至今仍在深化两国文化交流中扮演重要的角色。

智利是第一个与中国建交的拉美国家，第一个支持中国加入世贸组织的拉美国家，第一个承认中国完全市场经济地位和模式的拉美国家，也是第一个与中国签订自由贸易协定的南美国家。

1960 年 8 月，经历了漫长的旅途之后，我和家人抵达北京。我一生中最重要的篇章也由此开始。我们一家先在友谊宾馆下榻——与其说是宾馆，不如说是个住满旅客的小镇，还配有游泳池、剧院、台球厅、门诊部、几家餐馆，还有诊所、美不胜收的花园、网球场和其他运动设施。到后不久，我受邀到对外经贸大学给学生们用西班牙语做讲座。很快，我受雇开始担任西班牙语讲师。校领导把我介绍给了西班牙语系的其他教授，我也认识了曾经参加红军长征的李校长。宾馆里其他人也对我很热情：有个房客帮我找来一个活泼开朗的年轻女孩子，给我的三个孩子做保姆。

一次，智利画家何塞·万徒勒里请我们去他在北京的家里做客。万徒勒里和妻子黛丽亚·巴拉翁娜与女儿帕丝住

同志：

為了感謝您對我國社會主義建設事業真誠的、熱情的幫助，現送給您友誼紀念章一枚，以誌紀念。

中華人民共和國國務院總理

周恩來

一九六三年七月　日

Certificado de Insignia de Amistad

Querida Camarada;

Acepte por favor esta insignia de amistad en señal de nuestra profunda gratitud por la sincera y cordial ayuda que Ud. nos ha prestado en la causa de la construcción socialista de nuestro país.

Chou En-lai,
Primer Ministro del
Consejo de Estado de la
República Popular China

周恩来总理为维吉尼亚·维达尔颁发的奖章

在一起。在他的家里，艺术家的创造力给我们留下了深刻的印象：万徒勒里在米纸上蘸着墨汁作画，精妙而生气盎然。万徒勒里说他曾拜九十岁高龄的齐白石为师，学会了中国画技法。

在学校，我的学生们是全世界最自律、最要强的学生：他们学习主动，怀着一种创造者的自豪；倔强又团结，不肯让任何一个同学落后。学生们不但要读书，还必须参加生产劳动（尤其是在耕作和收割时节），学校生活相当艰苦。学生中还有出色的音乐家，画家和演员。

在中国，我亲身经历了美与痛，见识了无与伦比的高雅精致，也看到了苦难与不幸留下的烙印。聂鲁达也深深了解中国的人民和革命，并留下自己的诗歌作为见证。

在中国，我有幸认识了艺术家和名流：曾经走访智利、聂鲁达的诗人朋友萧三；1894 年出生、最负盛名的京剧演员梅兰芳。在中国的短短三年里，我有过无数终生难忘的快乐记忆。我的教学工作也得到了政府的褒奖：周总理给我颁发了他亲笔签字的证书和奖章。这段经历对我人生的重大意义，我无法用语言表达。

身为聂鲁达的朋友和唯一在诗人领取诺贝尔奖现场的智利记者，为了回馈中国对我之恩，我愿通过这本小书，来给中国的读者朋友们展示诗人的艺术魅力和鲜为人知的一面。

2016年6月，于智利圣地亚哥

代序

聂鲁达，土著双面绣

智利大学电台主持、著名文化记者 **薇薇安·拉文**

对智利国家形象的研究表明，外国人眼中最能代表智利的元素与我们自己想象的不同：不是智利国足，不是安第斯山脉，不是葡萄酒，不是旖旎风光，而是诗人巴勃罗·聂鲁达。聂鲁达是智利的，同时也是世界的，他曾于1971年获得诺贝尔文学奖；而在国外，一提到“智利”二字，人们最先想到的几乎总是聂鲁达。虽然聂鲁达对智利的意义举重若轻，但历届政府却没能充分理解聂鲁达和他的世界——由他的作品、故居、手稿，海螺、船头雕和其他琳琅满目的收藏品、纪念品所构成的传家宝藏作为智利形象的代表和诠释——之重要性，因此无法有力地向世界展示我国除了安第斯山和太平洋海岸之外的丰富内涵。这种目光短浅更明显地体现在1990年智利恢复民主以来的各届政府中，而这和与聂鲁达情深义重的萨尔瓦多·阿连德政府（1970—1973）形成了鲜明的对照：聂鲁达曾为了支持阿连德竞选总统而主动放弃了角逐；当他获得1971年瑞典皇家学院颁发的诺贝尔文学奖时，是阿连德领导人民团结阵线，在智利国家体育馆万众欢呼迎接诗人荣归故里。聂鲁达和阿连德的默契就好比连通器里的水一样：智利对本国特色的社会主义道路的追求赢得了全球瞩目，而它最重要的代言人之一也获得了世界文坛的认可；智利的社会主义实验壮志未酬身先卒，而随着战友和同仁遭受迫害致死，诗人的健康状况急转直下，不久后也撒手人寰。

在病逝前几年，癌症就在悄无声息地侵蚀着聂鲁达的健康——这一切都被聂鲁达第三任妻子、对他像守候天使一样宠溺有加的马蒂尔德·乌鲁蒂亚看在眼里。聂鲁达憔悴、疲倦，但并未意识到自己已经绝症缠身。智利记者维吉尼亚·维达尔是1971年12月诗人在瑞典获得诺贝尔文学奖并参加颁奖典礼时唯一在场的拉美记者；欢庆之余，她从马蒂尔德口中得知聂鲁达已身患癌症。面对冷静的马蒂尔德，维吉尼亚一脸惊诧，但她答应朋友对外界守口如瓶。“查丝寇娜”[①]不愿让诗人知道自己的病情。从那女性朋友之间的“悄悄话”到现在已有四十多年过去了，维吉尼亚也由于经历了许许多多这样的友谊瞬间而成了后世理解聂鲁达其人不可多得的“见证人”，而这也是她这本传记——《聂鲁达：闪烁的记忆》一书的价值。博闻强记、明察秋毫的作者以第一人称的角度，作为诗人的密友和生平的见证人来讲述聂鲁达的点点滴滴。但这本书的意义不仅在于此：借着记者犀利又不失优雅的笔锋，作者分析了夹在各种意识形态和教条主义鸿沟之间二十世纪的历史进程，并怀着对史实的尊崇讲述了她自己的，也是智利历史的重要篇章。

本书为何取名为“闪烁的记忆”？原来，西班牙语最高权威——西班牙皇家语言学院对“闪烁”（crepitar）一词的定义是“发出重复、短促的声音，仿佛粗盐撒在火焰上闪烁跳跃而发出的轻响”。作者维吉尼亚从聂鲁达生平中淘沙拣金，读者仿佛听到背景中重复、短促的主旋律。这不是一本传统意义上的传记：作者懂得如何将读者从对诗人生平之

①“查丝寇娜”（La Chascona）在智利土著语中是“鬈发女人”的意思，是聂鲁达对马蒂尔德的昵称。同时聂鲁达在圣地亚哥的故居也叫 La Chascona，又译“巧思宫”。

聂鲁达与第三任妻子马蒂尔德·乌鲁蒂亚合影，
法国巴黎，1955年。
出处：智利国家图书馆作家档案

中熟悉的片段领进不为人知的空间；读着这本传记，就像看着维吉尼亚在火焰上扬撒着盐粒，用特别的光焰给读者展示诗人一生的点点滴滴。

从一开始，作者便一反理想化中的聂鲁达形象——“在智利南部林中探寻自然奥秘的幼年内夫塔利[①]”。通过作者的了解，幼年的诗人并不是那个对身边一切事物感到惊奇的、无忧无虑的孩子，而是受到鄙视艺术家如同性恋的父亲的影响而越加害羞、胆怯的孩子。“同性恋”是智利大男子主义者能够想到的最恶毒的辱骂，而有这种心态的人却意识不到，毒打孩子其实是最懦弱的表现。威严父权阴影下的聂鲁达在大自然中找到了自己的避难所；在那里，他可以静静地观察周围的一切，而不必害怕被指摘、受惩罚。

在维吉尼亚的妙笔之下，聂鲁达的形象熠熠生辉：我们看到作为无政府主义者、前卫艺术家，对一切“绝对”怀有戒心的年轻诗人；而在第二次世界大战爆发前的高压环境下，诗人认为除了加入共产党之外别无选择。擅长缝纫刺

① 聂鲁达原名为内夫塔利·雷耶斯。

绣、喜欢把她诗人文友的名字绣在一张长长花毯上的作者则用自己熟知的比喻，用最美的意象诠释了诗人在这个闭塞、无理的世界对政治信仰的坚持：

> 对于聂鲁达来说，政治信仰就像土著民族的挂毯或东尼维镇斗篷的纵横条纹一样：挂毯和斗篷都是双面绣，虽然采用的是同一绣法，但一面绣出了社会民生，而另一面则织出了诗情画意。

还有什么更好的方式，能够诠释诗人对其政治信念的身体力行和其与生俱来的文学天赋呢？可惜的是，当今我们却缺乏对聂鲁达的理解，而我国的内政和外交之中也多么缺乏聂鲁达这样的身影！从国内的角度来说，我们需要知识分子来取代你方唱罢我登场、不学无术却口若悬河的“意见家”[①]，并让知识分子重拾他们本不应放弃的道路——做引领大众的智者和思想上的领袖。从外交方面来说，智利在海外的代言人应该深读聂鲁达的作品，并理解我们和邻国秘鲁的关系不仅仅是海战和条约。曾有一位诗人，用他的文字把

① 西班牙语写作 Opinólogo，指拉美国家受雇于电视媒体、对自己没有研究也不了解的领域发表言论从而影响公众对某些事件看法的评论员。

秘鲁化作世界文学最美的诗篇之一。诗人第二任妻子、昵称“小蚂蚁”的黛丽亚·德·卡瑞尔——聂鲁达故事中不可或缺的见证人——曾亲自告诉作者维吉尼亚，是《漫歌》使得聂鲁达成为了秘鲁人民心目中的民族英雄，是《漫歌》的发表推动了马丘比丘的发现——通往马丘比丘的盘山公路得以修建，印加遗址也成为了全国著名的景点……但聂鲁达所倡导的、两国之间的兄弟情谊却被后人淡忘、糟蹋了。比如皮斯科酒：如果聂鲁达还在，一定不会和秘鲁争夺这安第斯琼浆原产地保护权，而是将它调制成美味的“皮斯科酸酒”，让两个民族一同举杯畅饮。

去过聂鲁达故居的人常常对那里众多的吧台感到惊异，但这并不为奇。光是巧思宫中就有两个吧台——在拱顶餐室入口处的“船长吧台”和在小山上智利画家玛丽·玛特纳壁画旁边的“夏日吧台”。而聂鲁达并不像谣言所传的那样嗜酒——林林总总的吧台其实反映了诗人的个性特点。维吉尼亚写道，“聂鲁达热衷聚会，爱团结群众，还曾为文艺界争取影响力而斗争；他总是琢磨着如何把诗人朋友们会聚一堂，让大家相互认识、扩大交际圈，而他自己的诗也常常成为了分享交流的媒介……”聂鲁达不但在诗人之间有着不凡的号召力，他更可贵的品质是他推崇他人作品的慷慨和大度。好客的聂鲁达甚至专门写诗，作为礼物送给友人、同仁。

聂鲁达身为共产党人却拥有多处房产以及众多身外之物，这点也曾受到非议。维吉尼亚指出，我们有必要重新审视“聂鲁达式的奢华”这一概念，而这是理解诗人其人和其文的重要线索：和聂鲁达同时代上流社会审美不同，诗人对法国家具、波斯地毯并不感兴趣，而是喜欢来自智利本土、用原生木材、土产动物皮革制成或装饰的家具；而诗人生活和创作的灵感，正源于这种“反资产阶级”的风格。聂鲁达的家一般位于偏远的位置，选址也是地价低廉的地方。买下地皮以后，各种废弃材料——石块、玻璃、木材——这些从沉船上打捞出来的，或是房屋拆迁剩下的五花八门的“玩意儿”，都摇身一变成为了诗人建屋、“解构”中的核心要素。而聂鲁达的房屋都是按照诗人自己的意愿和想法而建造的。令常人想不到的是，聂鲁达居然在智利大学进修了几个月的建筑学，直到自己的数学短板让他对接下来的课程望而却步。维吉尼亚说，聂鲁达创造了一种独特的建筑风格，而其精髓则是对自己智利身份的接受和认同。

维吉尼亚曾有幸同家人一起在聂鲁达最爱的黑岛之家结识了诗人，并对其爱好与爱情有过近距离的观察。据维吉尼亚观察，聂鲁达是个恋家的智利诗人；而作者通过“居家聂鲁达”，捕捉到了其他传记作者很难接触到的鲜活、自然的诗人形象，从而给读者还原出一个熠熠生辉、出人意料的聂鲁达。

写在前面

我第一次读聂鲁达，是在第六女中上学的时候。学校是加夫列拉·米斯特拉尔①创立的。第六女中设有学生自治会，还和其他学校共同成立了中学生联盟。那时正值冷战时期，面对智利国内的各种压迫，学生抗议也是家常便饭。

冈萨雷斯·魏地拉②的政府刚颁布了《捍卫民主法》，就以迅雷不及掩耳之势宣布将对媒体进行全面审查。1947年11月27日，身为参议员的巴勃罗·聂鲁达，在委内瑞拉加拉加斯的《国民报》上发表了《致千千万万人的谈心信》，

① 加夫列拉·米斯特拉尔（1889—1957），智利女诗人、散文家、著名教育家，1945年诺贝尔文学奖得主。

② 冈萨雷斯·魏地拉（1898—1980），智利独裁者，通过骗取智利共产党的支持从而在大选中获胜，执政后又推行反共政策并迫害共产党人。

谴责魏地拉对工人的压迫和对言论自由的镇压。聂鲁达被控告诽谤总统，但他仍在参议院发表了著名的名为《我控诉》的演说。演说全文登在了第六女中的墙报上。聂鲁达被禁止参加议会（虽然保留了参议员的职位和薪水），不得不开始隐姓埋名，四处藏匿，直到1949年夏天跨越国境开始了流亡生涯。

智利版《漫歌》出版那年，我在圣地亚哥圣多明各街的阿劳可书店打工，书店也出售南方出版社的读物。南方出版社社长是路易斯·奥索利奥，出版社常常参加在智利教育部大楼（后来转到“圣地亚哥市中心”大厦）举办的圣地亚哥图书展。在书店工作的日子里，我们有时周末和晚上也加班，虽然从来没有加班费。书店店面不大，却有个大地下室，出版社的负责人常在那里秘密集会。我还清晰地记得，图文设计负责人吉列尔莫·拉瓦斯特常常拎着大捆大捆的纸张走过，白发在贝雷帽下依稀可见。图文助手兼印刷机操作工是个名叫马努尔·雷卡瓦伦的人，不过这是我后来在地平线出版社工作时才得知的。1976年，雷卡瓦伦被捕，之后一直下落不明。正是在拉瓦斯特和雷卡瓦伦两位的努力下，《漫歌》在我们这个“地下作坊”里印刷了五千本，每本

468 页，27 cm×19 cm 开本，出版信息处写着：华雷斯出版社，墨西哥城改革大道 75 号。尽管印刷纸质低劣，书却很畅销。

一天，年轻建筑师塞尔吉奥·冈萨雷斯·艾斯比诺萨邀请我们参观他亲手设计、建设的家。我和马可·古铁雷斯和塞尔吉奥·弗拉沃·拉莫斯一同前去。客厅里摆满了铁艺雕塑，烧砖砌成的墙有着一种特别的暖意。主人塞尔吉奥打了个神秘的手势，将一张唱片放上唱机，聂鲁达朗诵《马丘比丘之巅》之声便悠悠传来："宛似一张空网，我在空中飘荡 / 旁边是街道和大气，到达后又别离……"[①]我们静静坐着，震撼地一句话也说不出来。

之后，在苏西·克雷夫家里，我们几个学生凑在一起，其中有玛塔·乌里韦和露西亚·查孔。聂鲁达的通缉令刚刚废除，我们做好了迎接诗人的准备。令我们惊奇而欣喜的是，诗人的妻子黛丽亚出现了。她满头银发，但身手灵敏、青春活力丝毫不减，举手投足间魅力四射，对我们晚辈平等相待。她给我们讲述在法国举行的第一次世界保卫和平大

① 译文引自《漫歌》，赵振江译，云南人民出版社，1995 年。

会、为庆祝普希金诞生一百五十周年的苏联之行和在墨西哥的日子，我们听得入了迷。除了分享旅途故事之外，黛丽亚还不忘当务之急：聂鲁达将在 1952 年 8 月结束流亡生活回到智利，而黛丽亚已着手号召尽可能多的人迎接诗人荣归故里。虽然回国的日子推迟了，但聂鲁达抵达之日仍有万众欢迎。终于，8 月 12 日，我们在布尔内斯广场迎接了聂鲁达。

当阿曼多·卡西格里提出带我们去见聂鲁达时，我按捺不住自己激动的心情立刻答应了。诗人家里一片欢声笑语，但人称“小蚂蚁”的黛丽亚·德·卡瑞尔却远离喧嚣，在画室里对着亚麻布思考。那时，聂鲁达和黛丽亚分居的谣言炒得沸沸扬扬，光是诗人的绯闻情人就编出了好几个。他俩各做各的；各路作家、艺术家和政客也组织着自己的各种沙龙活动。其中，维奥莱塔·帕拉[①]和恩里克·林[②]都是活跃分子，常常聚在一起给智利电台准备小宣传册。之后的一次我又见到了维奥莱塔：那是在马波乔河岸、森林公园对面的造型艺术展上。她坐在自己展台后面揉着黏土，一面捏着

---

① 维奥莱塔·帕拉（1917—1967），智利著名民谣音乐家、艺术家，代表作有《感谢生命》等歌曲。

② 恩里克·林（1929—1988），智利诗人、剧作家、小说家。

各种小动物和宗教故事盒，一面出售画作。

1958年时，我们在圣费尔南多市见到了聂鲁达和第三任妻子马蒂尔德·乌鲁蒂亚。聂鲁达应智利“志同道合”文化团体之邀要在当地的男子中学发表演讲。文化团体成员包括赫利贝托·索托、恩里克·内曼、冈萨罗·德拉格、胡里奥·席尔瓦·拉索和叶尔科·默雷提克[①]等等，还有不常参与活动、但常来看望我们的罗伯托·帕拉达，他把《假如我有一把铁锤》定为该文化团体的主题歌。那时，智利的男女老少都能在当地的马努尔·罗德里格斯电台里，奇多·莫拉雷斯的节目中听到帕拉达演唱这首皮特·西格的歌：

假如我有一把铁锤／不论清晨／还是夜晚／我将锤遍全国／锤声发出危险信号／锤声发出警告／锤声表达兄弟姐妹间的友爱／响遍全国。

男子中学里熙熙攘攘，挤满了学生、老师和圣费尔南多市居民。演讲结束之后，聂鲁达和夫人应邀前往社团会所

① 叶尔科·默雷提克（1927—1971），智利诗人、《世纪报》文学评论员、西语教师，曾参与毛泽东著作的翻译，本书作者维吉尼亚·维达尔的丈夫。

用餐。走前，诗人在我的《聂鲁达选集》上题了词：

献给维吉尼亚，

你永远的朋友，

巴勃罗·聂鲁达

1958年11月，圣费尔南多市

诗人的诚意不但让我欣慰不已，也激励了我忙里偷闲继续写作的决心。

活动结束后，我和丈夫带着三个孩子回到圣地亚哥。如果没有记错的话，1960年夏天，我丈夫叶尔科·默雷提克正担任《世纪报》的文学评论员。一天，叶尔科回到家，眉飞色舞地告诉我，智利共产党的文化委员会当晚要在聂鲁达圣地亚哥的家——巧思宫里聚会，来听维奥莱塔·帕拉发言。聂鲁达密友、两位哲学教授——博洛迪亚·泰特尔鲍姆[1]和豪尔赫·帕拉西奥斯·卡尔曼也将同去。我喜出

① 博洛迪亚·泰特尔鲍姆（1916—2008），智利著名诗人、共产党政治家，曾担任国会参议员。

望外，让叶尔科洗耳恭听，回家一字不漏地给我重述。果不其然，叶尔科直到半夜三更才到家，说维奥莱塔朗诵了她的自传体十行诗，“精彩极了，简直能和阿根廷史诗《马丁·菲耶罗》媲美”。

我问叶尔科，既然智利共产党有两家出版社，能不能安排出版帕拉的自传诗。遗憾的是，聚会上没有人提到这一点。维奥莱塔至死也没有看到她在巧思宫朗诵的诗歌变成铅字。直到她逝世之后，诗集才得以出版，但出版商不是支持共产党的南方出版社也不是地平线出版社，而是智利天主教大学出版社和一家不怎么知名的小出版社，波迈雷出版社。

那时，古巴革命在全球掀起了一阵“西语教学”大潮。西语教师也一度成为了全球各地大学的“抢手货”。当叶尔科收到中国一所大学的信、邀请他担任西班牙语教授的时候，我也按捺不住激动的心情。看他犹犹豫豫的样子，我就使出浑身解数软磨硬泡，直到他改变主意。我们在中国度过了 1960—1963 年这段时光。一开始，我参加讲座并和学生开展座谈会；之后，我有幸收到对外经济贸易大学的邀请开始担任西班牙语讲师，并在业余时间继续写作。我教过的一百余名学生是我一生中见过的最用功、求知欲最强、最自律、最有热情的学生。在北京，聂鲁达也因他写给中国的《葡萄园和风》诗集而家喻户晓。出于对中国的热爱，聂鲁达与萨尔瓦多·阿连德和何塞·万徒勒里于1952年共同创建了智利中国文化协会。我的学生说，聂鲁达仅访华三次，就经历了人类历史上最伟大的革命之一，还见证了1949年10月1日毛泽东主席在天安门广场宣告新中国成立的历史时刻。

你不是什么天朝的神秘的翠玉。
你就像我们一样，是纯洁朴素的人民。
有的穿着鞋，有的光着脚，
农民和士兵，从四面八方起来，
保卫自己的神圣权利，我们看见
他们的面容跟我们一样，
他们的劳动的手，也跟我们的手一样，
我们看见他们行进在大道上。
你们的名字跟我们的一样，
虽然你们的是单音，
但它们跟各地人民的名字一样朴素。

你们步伐一致，方向相同，

和毛泽东一起前进，

越过沙漠，越过雪地，

卫护着春天的萌芽。[①]

如今，聂鲁达和中国的友谊也得到了后人的见证：2014年11月，智利总统巴切莱特和时任中国文化部副部长杨志今共同为袁熙坤创作的巴勃罗·聂鲁达雕像揭幕。雕像位于朝阳公园中的北京金台艺术馆。

① 译文引自《葡萄园和风》，邹绛译，上海文艺出版社，1959年。

古巴革命与西班牙语

巴勃罗·聂鲁达是第一个热情称赞古巴和古巴革命的诗人。在古巴革命进行得如火如荼的时期，聂鲁达前往中国之前，一天，我们一群人相聚在博洛迪亚·泰特尔鲍姆家里共进晚餐，一同在场的还有女诗人拉凯尔·威茨曼和她的儿子克劳迪奥。聂鲁达刚刚从古巴回到智利，一晚上和我们不停地讲着古巴革命，描述着卡斯特罗和“大胡子”们，说这一切有着非同寻常的意义。在智利，很多穷人阶层都因为古巴的变革而欢欣雀跃，但智利共产党却对古巴革命不温不火，仅仅对这个加勒比小岛的政治风云持谨慎观望态度——相反，聂鲁达讲述着一切的时候简直是眉飞色舞。

餐会上，我鼓起勇气小心翼翼地问聂鲁达，卡斯特罗会不会像萨特小说《齿轮》里的主人公那样，打倒残暴独裁者以后自己也重蹈覆辙，甚至变本加厉。聂鲁达操着他惯常的平静口气说，他会尽其努力让所有怀疑古巴的人看到革命的真相：换了他们，会不会对抵抗打到自己家门口的帝国主义者，为最穷苦、最底层人民谋福利的人不满？古巴革命做到了这一切，难道还不够吗？

聂鲁达看上去很高兴——他不但坚信古巴革命的意义，也对他自己作为诗人对古巴革命的支持坚定不移。聂鲁达对刚刚在哈瓦那出版的《英雄事业的赞歌》（以下简称《赞歌》）引以为傲，诗集发行了两万五千册，聂鲁达把它献给“古巴的解放者：卡斯特罗和同志们，还有古巴人民”。

聂鲁达是第一位公开对古巴革命致敬的拉美诗人。他的《赞歌》除了对卡斯特罗的肯定，更多的是对加勒比地区各国人民忍辱负重、为民族命运抛头颅洒热血的讴歌。聂鲁达的诗《2000 年》——虽然现在也许没有人记得这首诗了——也表达了聂鲁达对古巴的热爱和他对革命巩固的满腔热忱——

把我的过往化作一觚酒

代表全世界兄弟姐妹举杯
民族的魂灵在我血液中欢驰
虽然我必有一死，但祝我的国家不息
沉沉夜幕下，我愿意
在古巴，升起蒙在黑暗中民族的共同旗帜，
并告诉它，
盼望已久的真正胜利必将临莅！

聂鲁达在1972年夏天接受罗伯托·阿里法诺采访——阿里法诺之后成为了阿根廷作家博尔赫斯1922年创办的杂志《船头》的主编。

“让我讲讲《赞歌》的故事吧，”聂鲁达说，“1959年的时候我正在写一本关于加勒比海岛离奇命运的诗集。阿莱霍·卡彭铁尔已经在他的小说里把这光怪陆离表达得淋漓尽致了，而这时又冒出了古巴革命。我想用诗勾起人们对沦为美国殖民地的、多米尼加共和国发生的圣多明哥惨案的回忆。那时，多米尼加面临着被吞并的命运，而这深深触动了我。美国人的铁靴一旦踏上某个地方，当地的人民就得奋不顾身地捍卫祖国、抵抗美军。之后，古巴革命爆发，巴蒂斯塔的独裁陷落，随之而来的历史环境也改变了我作品的创作方向。”

《赞歌》的第二版于1961年在智利由南方出版社出版。1960年4月12日，诗人乘坐“路易·卢密耶号”邮船在欧美之间的航途中为第二版作了序。序的风格类似于《漫歌》，但文学造诣上却逊于后者。《赞歌》颂扬了卡斯特罗，却没有承认切·格瓦拉的重要性。

六十年代初期，智利知识分子的前景并不乐观：除了聂鲁达主持的文化大会和他的生日宴会之外，智利的文化圈相当沉闷封闭，和其他国家交流甚少——就像智利作家何塞·多诺索《文学“爆炸”亲历记》中对当年文化传播系统的描述一样。

而聂鲁达的出现，则促进了“西语热”和西班牙语在全世界范围内的传播；年轻作家们也受到启发开始写作，于是出现了“拉美文学爆炸”这一文化现象。这个“爆炸”的说法并不完全准确，因为拉美文学的昌盛并没有像彗星爆炸一样“昙花一现”，而是持续时间较长、反响也比较显著深远。

在这一背景下，智利人也开始对出国蠢蠢欲动。古巴

幼年聂鲁达，
智利特木科，1906 年。
出处：智利国家图书馆作家档案

革命的一个重要“后果”——虽然是后世研究最少，也是最不被看中的结果，就是在几乎全球范围掀起了一波学习西班牙语的热潮。世界各地的大学纷纷开设西班牙语课程；邀请拉美专业人士担任西班牙语讲师的信函也像雪片一样飞来。西班牙语也出现在各大国际媒体之中，尤其是广播电台的国际部门和与拉美有关的节目中。可以说，西班牙语开始“征服”世界，并见证了数所大学罗曼斯语系的设立。而西班牙语的教学也伴随着拉美作家作品的传播，成了培养各国未来驻拉美国家外交官重要的一课。

聂鲁达拥有着军人般的自律，虽被称为 vate（西班牙语“诗人”，兼有“先知”的含义），但他的预言能力有时却失灵，比如他对切·格瓦拉的判断。阿连德的司法部长、聂鲁达最好朋友之一塞尔吉奥·因松萨曾说：“我还记得切·格瓦拉被杀的时候，我惊诧极了。聂鲁达不解地问：‘你怎么啦？值得钦佩尊重的是雷卡瓦伦①他们，不是这群脑袋发热、到处胡闹的小年轻！’”

① 指路易斯·埃米利奥·雷卡瓦伦（1876—1924），智利工人运动之父。曾代表智利前往莫斯科参加共产国际第三次代表大会，并在智利创办了社会主义报纸，后来遭到智利共产党排挤后抑郁自杀。

之后，聂鲁达在自传《我坦言我曾历尽沧桑》中提到了对切·格瓦拉在哈瓦那的访谈。切·格瓦拉说到他曾在马埃斯特腊山里阅读《漫歌》，聂鲁达倍感欣慰。那是聂鲁达最后一次见到切·格瓦拉，诗人写道：

> 我在切·格瓦拉的脸上仍旧能看出，他还是那个深思熟虑的人，那个即使在奋战建勋之时都从来不忘给诗歌留下一片精神园地的人。

同时，《赞歌》也是献给波多黎各、巴拿马、危地马拉、加勒比国家，和在胡安·比森特·戈麦斯[①]和佩雷斯·希门内斯[②]独裁下挣扎的委内瑞拉的诗歌。《赞歌》体现了聂鲁达对拉美独裁者的深恶痛绝：巴蒂斯塔、路易斯·穆尼奥斯·马林、特鲁希略、乌维科、索摩萨[③]；诗集用最刺耳的名称毫不留情地谴责了他们。

《赞歌》里还有一首最美，也是最鲜为人知的诗——第

---

① 胡安·比森特·戈麦斯（1857—1935），委内瑞拉 1908—1935 年间的独裁者。

② 马尔克斯·佩雷斯·希门内斯（1914—2001），委内瑞拉 1952—1958 年间的独裁者。

③ 分别为古巴、波多黎各、多米尼加共和国、危地马拉和尼加拉瓜的独裁者。

二十七首诗，《加勒比鸟儿》。原来，诗人是不折不扣的鸟类专家，就像他逃离政治迫害时所用的假护照上所注的身份——**安东伊奥·鲁伊斯，鸟类学家**一样。在《加勒比鸟儿》中，诗人对每一只小鸟儿的特征和歌声都如数家珍：蜂鸟、鹭、美洲夜鹰、蜂鸟、美洲红鹳、凤尾绿咬鹃、乌顶隐蜂鸟、热带小嘲鸫……

歌颂美洲的《赞歌》也吸引了评论家的注意。其中，智利大学副校长、美术系主任、美学及哲学入门课教授路易斯·奥亚逊曾在自己的《私人日记（1920—1972）》（以下简称《日记》）中对聂鲁达这部作品做出了评论；而奥亚逊《日记》的出版，则离不开雷昂尼达斯·莫拉雷斯在其死后为出版所做的努力。

奥亚逊是个擅于分析的知识分子，他对聂鲁达的诗做出了最充分翔实的评论：

> 聂鲁达的新书《赞歌》表现了诗人对生活的理想：
> 这是因为，只有向着所谓的神迹开弓
> 才能发现至高无上的生活真谛，

它灿烂而精致。

虽然奥亚逊的文风从来脱不开讽刺，但他毫无疑问地指出，在聂鲁达眼中，革命就像一场圣餐，就像《芭贝特的盛宴》[①]一样。奥亚逊承认，聂鲁达在诗集中达到了“朴实而有力的效果”。接下来的评论也是建立在这个基本结论之上。

> 聂鲁达坚持支持革命，聂鲁达自视是社会大潮之中的弄潮儿。但从一个马克思主义、形式主义、唯美主义的角度来说，这些诗句是不是在读者眼中也反映了作者的极度虚荣，自大到甚至把维克多·雨果和巴勃罗·德罗卡[②]看成谦卑的蝼蚁？聂鲁达的诗恰恰表明了这种态度。“那是因为我的诗歌／驾着爱情和仇恨的轮子在那里经过／要建立自由透明的世界。”[③]这“光明”到底指什么？建立在复仇基础上所谓的正义又是什么？一个自称对这么多事物负责的诗人，这“全能的先知”、这社

①《芭贝特的盛宴》（1987）是丹麦导演加布里埃尔·阿克塞尔指导的电影，讲一对姐妹为宗教信仰放弃世俗情感的故事。这场盛宴像一场仅仅历时一夜的爱情，曲终人散后如水月镜花，春梦无痕。

② 巴勃罗·德罗卡（1894—1968），智利先锋派诗人，与巴勃罗·聂鲁达、加夫列拉·米斯特拉尔和比森特·维多夫罗并称“智利诗歌四杰”。

③ 译文引自《英雄事业的赞歌》，王央乐译，作家出版社，1961 年。

会的光明、这传道授业解惑之人，这同样被“那三十块美金”（“那三十块美金在他的肚子里／不断地生长和增加”①）背叛、头戴荆冠的新基督（“把那条缠住你的荆棘的绳索／在火与血之中斩成寸断”②），显然因追求精致和迷恋复仇而丢了魂；在自己眼中，他是恺撒转世，高大、丰满，胸中血海深仇。好在历史现实中的作者除了当好忠诚活跃的党员之外，自称“单打独斗”取得的成就中他真正主谋的“罪过”，寥寥无几。

身为诗人的奥亚逊也对美有着多愁善感之心，对大自然怀有深沉的爱，对作者艺术的魅力不可能无动于衷，也对其所体会到的“诗人和其人民之间团结的语调”有所好评。

谁能否认一个忘我、谦虚歌颂其所见证并活跃参与的运动的诗人的伟大？《我的生活就是这样》不偏不倚、娓娓道出诗人与群众的团结。《加勒比鸟儿》这首诗的魅力，让我几乎后悔之前对聂鲁达“虚荣”

① 译文引自《漫歌》，赵振江译，云南人民出版社，1995年。

② 译文引自《英雄事业的赞歌》，王央乐译，作家出版社，1961年。

的评判：诗人对这明艳的鸟儿们表达的分明是眷恋和敬意。

奥亚逊不断地辩论、引用、评论、梳理他的分析，这也都反映了一个事实：聂鲁达的诗不是可以“左耳进、右耳出”，而是需要好好玩味思考的。

奥亚逊又自问道：

但是，如果聂鲁达恪守他自己信奉的规则，履行他作为美洲人的任务去“积聚起星星和武器 / 为了肩负起一个美洲人的艰巨责任，多一朵或者少一朵玫瑰我不在乎”[①]，那他诗里写到的这些贫穷而善良的人又究竟是谁呢？而谈到玫瑰，又不得不提起聂鲁达这句诗：“我和美丽有个血的契约 / 我和我的人民有个血的契约”；这与聂鲁达结盟的“美丽”，这“人民”，具体都是什么？如果人民不接受诗人的统治，如果大众不想咽下他血染的面包，那这血的契约岂不是诗人一厢情愿，不顾人民

① 译文引自《英雄事业的赞歌》，王央乐译，作家出版社，1961年。

意愿订立的？而这契约最重要的，不就是人民的支持吗？如果诗人签订这个契约，他为什么不散尽私财，与人民同甘共苦？我听说在中国，知识分子如果不去工厂、贫民区和老百姓同吃同住，会被认为“不知人民疾苦”；在我看来，我们智利人很难做到这一点，但这样的行动如果哪天能实施，那必将受人崇敬。

奥亚逊继续在聂鲁达的诗中搜集线索，来梳理他对艺术家、知识分子和政治家社会角色的看法；更准确地说，在奥亚逊的眼中，政治家不过是知识分子、会思考的人和博学广识的智者。换句话说，奥亚逊对共产党员聂鲁达的期待和某些人对自己的要求一样，和很多知识分子对诗人的期望也一样：

在这庞大的“自我”之中有一种真正的革命冲动，而谁能把这种冲动从狂热中解救出来呢？诗人的头脑是他身体的敌人。发自肺腑的感情是无可比拟的；相比之下，共产主义知识分子表达的情感则源于对信念的坚持。但他们如果真的是马克思主义者的话，他们更应该注重做到客观、明智。

奥亚逊的洞见似乎是神来之笔，而在基督教信仰的启发下他也发现了《赞歌》中的一个矛盾——这矛盾不是诗人的特权，而是国家深度分裂的无情本质：

不管在哪里，群众都喜欢听口号，但诗人也因此喜欢喊口号吗？美帝国主义在这里是关键词。群众需要替罪羊：纳粹主义正是抓住了这种心理来迫害犹太人，墨索里尼把英国人说成意大利人民的公敌，美国人则选择让共产主义者来替罪。民众由于愚昧、好斗，不停地重复该隐与亚伯[1]同根相煎的悲剧。群众从来不考虑该隐是个什么样的人，亚伯是个什么样的人——群众看事物的眼光是非黑即白的。聂鲁达曾经对自己的想法狂热，并在《大地上的居所》中表达出孤独痛苦的情绪，该作品也充斥着该隐与亚伯的对立。现在，聂鲁达眼中的自己就是美洲的亚伯，而美国就是该隐；但这时候谁能听进去这种言辞？对于成千上万的匈牙利人和波兰人来说，苏联就是该隐，就像美国是拉美眼中的该隐一样。而名叫“菲德尔·卡

①《圣经》故事中亚当和夏娃的长子和次子。该隐因上帝偏爱亚伯而杀死其弟。

斯特罗”的亚伯，不是已经变成了许多有血有肉的人眼中——如果不是所有人眼中——的该隐，也是亲密战友摩根眼中的该隐？聂鲁达多愁善感的过分简化虽然没有让他的泉涌才思打折扣，但却对个人和群众之间的关系做出了最危险的诠释。聂鲁达也许看不到，却能隐隐感受到这一点。但他的感受却不等同于辨别：也许哪天，聂鲁达会歌颂肯尼迪，就像他曾给佩德勒加尔[①]、魏地拉、巴蒂斯塔和贝隆[②]写过赞歌一样。更加理智的人，则能用聂鲁达在描述加勒比鸟儿中美洲红鹳和夜鹰所表现出来的那种本能的力量，来辨识读者对聂鲁达诗的反应，并审视其诗的政治影响。

最终，奥亚逊的善良、慷慨和对诗歌的热爱压倒了他任何形式的论理。（奥亚逊还著有《智利文化话题》和《保护大地》，但遗憾的是，这些都已被时间淡忘。）

但是，我的顾虑并不影响我崇敬的聂鲁达，也不影响他的政治主张。他称颂的运动是正义的，而我是

① 指吉列尔莫·佩德勒加尔（1898—1981），智利左翼政治活动家。

② 胡安·多明戈·贝隆（1895—1974），阿根廷民粹主义政治家，曾三次出任阿根廷总统。

以反面角度来分析他的诗。聂鲁达写的《美国朋友》是部高尚的作品，表露了诗人的才华和对人类真挚的热爱。《2000年》让我放下了所有的戒备，心服口服！这就是诗人的人性和美丽！

聂鲁达获得秘鲁太阳勋章

《马丘比丘之巅》是《漫歌》诗集中艺术创作的顶峰。它也给聂鲁达赢来了建筑师出身的秘鲁前总统费尔南多·贝朗德颁发的太阳勋章。

从墨西哥回国后，黛丽亚·德·卡瑞尔给我简要讲述了《马丘比丘之巅》的创作背景。

聂鲁达回国的信息一传出，所有驻智利的外国大使都争先恐后地请他访问自己的国家。巴勃罗一生都是坚定不移的反法西斯主义者，每个美洲国家都把他看作自己的诗人。聂鲁达挑了几个国家访问了两个月零四天以后，我们飞回了智利。在秘鲁，普拉多总统派副官给他发邀请，让他去库斯科和马丘比丘。我们二话没说就动身了。由于这次旅行，巴勃罗写出了《马丘比丘之巅》，受到了秘鲁议会的一致好评和赞扬。对秘鲁人来说，巴勃罗简直成了他们的民族英雄。诗的出版促成了马丘比丘真正意义上的“被发现”。秘鲁政府修建了通往马丘比丘的山路，并开发了世界级的旅游业。虽然由于贝朗德代表着传统势力而让聂鲁达蒙受了不公正的批评，这次旅行的积极意义是不可否认的。

的确，聂鲁达访问秘鲁不应受到国内的猛烈攻击——舆论让诗人处处不受欢迎，并掩盖了一个事实：是秘鲁作家——准确地说是秘鲁作家协会的主席希罗·阿莱格里亚主动要秘鲁总统邀请聂鲁达访问的。而阿莱格里亚则与智利有着千丝万缕的联系。

令人遗憾的是，许多对聂鲁达秘鲁之行指手画脚的人从没有和秘鲁的作家接触过，也没有和阿莱格里亚交流过。阿莱格里亚曾在智利生活了很长一段时间，写出了《广袤而陌生的世界》。他的作品《金蛇》于1935年获得智利纳西门托文学奖，小说《饿狗》于1939年获智利曲

聂鲁达探访秘鲁马丘比丘印加废墟，1943 年。
出处：智利国家图书馆作家档案

径文学奖。

阿莱格里亚曾在回忆录《苦尽甘来话人生》中提到了他和秘鲁作家与总统贝朗德为邀请聂鲁达所做的工作：

> 考虑到聂鲁达对马丘比丘的“颂歌”、诗人其他关于秘鲁的优秀诗作和其作品的整体水平，秘鲁全国作家与艺术家协会董事会，全票赞成向秘鲁政府申请给聂鲁达颁发太阳勋章的决定。由于我组织并非政治性组织，我们做的决定并未考虑聂鲁达的政治主张。我们的申请得到了回应，我认为颁奖程序也无可指摘。

阿莱格里亚也在书中提到了饱受批评的聂鲁达与贝朗德共进午餐一举：

> 与其封锁这信息，不如欣赏聂鲁达的心态。我也参与了餐会；聂鲁达和贝朗德主要谈的是文学。

圣地亚哥　成名之地

诞生一百一十余年、逝世四十多年后，聂鲁达仍是最受欢迎的西语诗人之一。这使我们不得不提到诗人个性中很重要的一点——自我创造。

年轻的巴勃罗是个早熟的孩子，从十六岁高中毕业走进大学校门起，就开始为自己人生做重大决定。

诗人在题为《回忆》的诗中曾写道：

我需要记住一切，
不断拾起
琐事的线头和碎屑

每一米家的模样

火车轧过的长路

和痛苦的外壳

那时的聂鲁达还是内夫塔利。十六岁的年轻诗人决定离开家搬到圣地亚哥，并给自己取了笔名——聂鲁达之后，诗人的笔名甚至取代原名成了他依法登记的名字。巴勃罗加入了当时的先锋派诗歌和政治运动，还做出了最大胆的决定：把全身心献给诗歌创作。内夫塔利的政治活动不仅限于参与智利共产党；诗人的政治信仰与他公民和作家的身份密不可分。起初，内夫塔利用诗来描绘自己的青年时期。二十岁那年，他发表了《二十首情诗和一支绝望的歌》，借着自己的早期经历写出了表达年轻人情欲的代表作。

很多年来，文学杂志和学生出版物就给诗人冠以“先知”的称号，颇具亲切和讽刺的意味，同时又是借代的修辞手法。自小萌生的社会意识，使诗人克服了自己的害羞，来为大多数人争取利益，帮他们解决所面临的问题。诗人在家乡读中学时就当上了学生会主席，成立了特木科文学俱乐部并担任主席。俱乐部邀请加夫列拉·米斯特拉尔出任荣誉会员——这不是智

聂鲁达与继母和姐姐劳拉合影，
智利特木科，1940 年。
出处：智利国家图书馆作家档案

利的年轻人给米斯特拉尔最早、最纯真的敬意吗？

内夫塔利挚爱的继母名叫特立尼达·坎迪亚·马尔维尔德，他亲切地叫她“妈－妈妈”（ma-madre）。特立尼达本和聂鲁达的父亲何塞·德·卡门·雷耶斯生了个儿子叫鲁道夫，但他一出生就被从母亲身边带走给别人家抚养，直到十三岁、母亲和鳏夫何塞正式结婚后，鲁道夫才和亲生父母团聚。内夫塔利的“妈－妈妈”是个温柔到唯命是从的女人，但从没抚养过自己的孩子。她曾和卢德新多·奥尔特加生了个儿子，但儿子并没有沿袭父母的姓氏而是随从其养父母——特立尼达的姐姐和姐夫，米卡艾拉·坎迪亚和卡洛斯·马森，取名叫奥兰多·马森。巴勃罗和鲁道夫还有个同父异母的姊妹，是何塞和加泰罗尼亚人奥蕾莉亚·托尔拉的爱情结晶——劳拉·雷耶斯，也在“妈－妈妈”特立尼达的照料下长大。

巴勃罗的哥哥，鲁道夫·雷耶斯·坎迪亚有着一副天赋的好嗓子，慧眼识珠的学校音乐老师帮鲁道夫争取到了国家音乐学院的全额奖学金。鲁道夫把录取的信息告诉父亲后，何塞陷入了沉默。几天过后，当鲁道夫征求父亲意见时，迎面而来的却是耳光、劈头盖脸的辱骂和皮带的鞭打。

巴勃罗·聂鲁达和姐姐劳拉·雷耶斯·坎迪亚合影，
智利特木科，1918 年。
出处：智利国家图书馆作家档案

最后，父亲还赏了他一脚，骂了鲁道夫和弟弟内夫塔利一顿，斥责他们竟敢和无政府主义者和诗人混在一起。鲁道夫辍了学，在一家名叫“钥匙杂货店”的地方打杂。此后，鲁道夫只有在聚会、婚礼和葬礼上偶尔一展歌喉。

家庭的不睦让聂鲁达变得更加沉默寡言。夹在对父亲和兄长的爱之间，聂鲁达打消了和父亲顶嘴的一切念头，他试着做个善解人意的孩子，但他将所有的感情都放在特立尼达身上。（后来，聂鲁达收藏了挂在杂货店门前的那把大钥匙——这是出于对收藏的热衷，还是纪念哥哥放弃自己人生追求的梦断之地？）

十几岁的内夫塔利只身来到了圣地亚哥，很快就在新环境中游刃有余，并找到了自我。对他来说，城市既不混乱也不是迷宫，更不存在什么陷阱和危险。诗人享受着城市，就像它的主人翁一般，一点也不感到恐惧。他的忧伤与圣地亚哥无关，而是来自于他的故乡。1921 年 7 月 9 日，诗人来到圣地亚哥后不久，在《光明》杂志上读到了一篇题为《学生联盟遭遇袭击抢劫一周年纪念》的文章，并得知了各大院校进行共产党员训练的学生组织信息。

来到圣地亚哥，就意味着把注意力聚焦在这座城市上，并把它当作生活的中心，把自己当作城市的主人：聂鲁达成为了热血政治动物，城邦里的居民。“城邦”意味着城市、邦国、社会、社区，而聂鲁达则成了政治动物，在道义上关心集会组织、游行、社区的运作和城市及其影响范围内的事物。自从聂鲁达把自己当作圣地亚哥的主人开始，他“公众人物”的身份就成了他每日生活的一部分，文学也成了他和其他思考的动物交流的媒介。

在首都，聂鲁达经历了友谊，收获了爱情，体验了聚会的欢悦和博爱。城市又代表着群众、工会和集体，有着各种结社的机会，结下的手足情谊也不受资金短缺的影响；聂鲁达从此再也不必忍受孤独。虽然诗人不得不像所有年轻人一样挨饿受穷，但他的行为却表现出良好的家教和坚定的价值观，一举一动中也流露出工人阶层的尊严。

聂鲁达的“波西米亚生活”曾被炒作歪曲，但聂鲁达其实并不嗜杯也不赌博，赛马、钓鱼、扑克对他也没有吸引力。诗人所谓的“波西米亚生活”，不过是像刚拿到生活费的学生、刚领到薪水的工人一样，和朋友们聚聚，下馆子饱餐一顿美食而已。

让我们寻找那快乐的餐桌
那教会所有人享受吃的餐桌
让我们大吃、畅饮、歌唱！
啊，快乐的餐桌！

清贫的生活也在想象力的作用下变得津津有味：几张餐巾就能折叠出魔术师的帽子和奇装异服。年轻的诗人从来不因为饥饿和贫穷而唉声叹气。借着丰富的想象力，诗人眼中的住处也变得美丽起来——直到聂鲁达被委任荣誉领事出国之前，学生时代一直住在各种杂院和膳食宿舍。

刚来圣地亚哥的时候，聂鲁达亟须糊口，于是他很快在一家夜校找到了教书的差事，并给多家杂志社供稿。城市给他带来了朋友——他真正的家庭。打那以后，每一个朋友的逝去都使他悲恸不已。每一个朋友离世，诗人都用古老的仪式祭奠朋友：他在教堂里点起一根蜡烛，并在家中吧台的横梁上镌刻下友人的名字。

当内夫塔利成为聂鲁达

公民身份是一个人塑造自己身份认同感的重要部分。当内夫塔利从特木科来到圣地亚哥的时候，认同感的重要性就更加凸显。来到了新的城市后，年轻的诗人决定重塑自我，褪去原名——内夫塔利·里卡尔多·雷耶斯·巴索奥拓。

来自乡下的内夫塔利曾用过很多笔名供稿。不用原名的原因很简单：为了不让父亲得知，免得让老人家动怒。笔名换来换去，最后内夫塔利决定固定使用一个笔名——聂鲁达。改名的初衷也许不仅是为了免受皮肉之苦：内夫塔利选择一位自己没有读过也不了解的诗人的姓氏做自己的笔名：捷克的聂鲁达来自古老而完美的城市布拉格，而老聂鲁达也是一位受人敬仰的诗人。也许，没有任何事情完全出于偶然。

内夫塔利的父亲，何塞·德·卡门·雷耶斯坚信棍棒底下出孝子，却不料打骂不足以让儿子放弃作诗的意愿。儿子内夫塔利终于在 1946 年 12 月 28 日——这天恰巧是智利作家节——正式改名。从那时起，聂鲁达依法登记的名字便成了巴勃罗·聂鲁达；从此以后，他只是自己的后嗣，和自己作品的主人。

打那以后，年轻诗人就不再是那个出生在帕拉尔小镇的内夫塔利·里卡尔多·雷耶斯·巴索奥拓了（智利著名的“反诗人”尼卡诺尔曾诙谐地写道，“聂鲁达生在帕拉尔镇，而我生在聂鲁达尔镇。”）十六岁的内夫塔利摇身变为聂鲁达：他从家族中脱离出来自成一体，背井离乡，之后仅仅偶尔回家探望。年轻诗人决定远离家庭不可告人的秘密和耻辱，还有各种父权的丑恶。同为诗人的聂鲁达侄孙、贝纳尔多·雷耶斯（聂鲁达哥哥鲁道夫的孙子）曾在回忆录《家庭肖像》中作为局内人透露了聂鲁达出于那个时代的习惯而闭口不谈的家事。贝尔纳多是特立尼达·坎迪亚的重孙，他保留了家族成员甚至聂鲁达情人的照片、信件

二十岁的聂鲁达，
智利圣地亚哥，1924 年。
出处：智利国家图书馆作家档案

和丰富的家庭档案。

但说也奇怪，诗人的原名却让他在智利北部竞选参议员的游说中引起了极大的反响。直到今天，在智利第一大区广袤沙漠里还能找到刻在石头上的，仿佛史前岩画一般的聂鲁达的原名——内夫塔利·雷耶斯，和艾利亚斯·拉夫尔特[①]的名字刻在一起——这有伊基克作家、史学家（同时也是2014年智利全国史学奖获得者）塞尔吉奥·冈萨雷斯·米兰达的照片为证。

当聂鲁达年事已高时，曾在诗中表达了对自己父姓的思考：

我本姓雷耶斯、卡特里雷奥、
阿雷亚诺、罗德里格斯；我已忘记
我的真名。
……
我从未出生，而是被创造，
我来自土地，来自底层。

（《海与钟》，1973）

① 艾利亚斯·拉夫尔特（1954— ），智利北部硝石矿工出身，共产党员、史学家。

除了名字上的联系，诗人感到自己与大自然和大众血脉相连，这使诗人能够归属于万物并代表所有人写作。

“来自土地，来自底层”不仅仅意味着人身的自然构成（像基督教所说的，人终究是“尘归尘，土归土”），也意味着诗人卑微的出身使他和广大劳苦人民的命运紧紧联系在一起。

圣地亚哥　诗人的摇篮

聂鲁达是为数不多的、歌颂自己第二故乡的诗人，但这并不代表着他对首都圣地亚哥的丑陋一面视而不见。诗人住在马鲁里街膳食宿舍时的一天，曾对窗外的晚霞有感而发，写出了名为《夕照》的诗集（1919年开始创作、1923年出版），其中第一首诗写道：

神啊：你从哪里拾来柴火
点燃天际这铜色般
壮美的晚霞？

（《给我一场魔术盛宴》）

多年以后，诗人追忆自己青年时代时曾提到在圣地亚哥的生活对他的重大意义：

> 我翻开我的书，想象自己在矿坑、在潮湿的废弃矿井中写作。我知道，现在家里、街上和这座苦闷的城市之中空无一人。我是个在开着门的监狱里、旷大世界里的囚徒，是个走失在晚霞里的学生。
>
> （《黑岛纪事》，“马鲁里街膳食宿舍二三事”，1964 年）

《夕照》第二版（1926）中写道，“我把这本对逝去时光的写照，献给胡安·甘多夫”。甘多夫是著名的无政府主义运动领导者、世界产业工人联盟的秘书；何塞·多明戈·戈麦斯·罗哈斯也是该联盟的成员，但后来在圣地亚哥的监狱里遇害。

聂鲁达虽然没有和戈麦斯·罗哈斯见过面，但后者对诗人的影响却体现在人生的方方面面。聂鲁达很快投身于社会运动的大潮中，参加集会、讨论、通宵达旦的沙龙活动。聂鲁达享受一切能够与其他人自由对话、关于文学创作和国家大事进行观点碰撞的空间。

城市是诗人最好的文学工作坊。当晚霞不再绚烂的时候，一股悲愁便向诗人袭来，仿佛整个世界都暗淡了下去，诗人笔下的城市就变得“乌黑而愤恨”：

市郊是肮脏的灰色
有累弯脊背的办公室
目光浑浊的上司
……
一条环抱市郊的河流
像黑暗中一只冰凉的手
伸在水上，诱惑着路人
群星报以赧颜

但年轻的心毕竟不会永远将世界挡在戒备的盾牌之后，深深的孤独使聂鲁达毫无保留地展示他的沮丧和顾影自怜：

我害怕。灰色的午后，灰色的天空
悲伤地蔓延 就像死人张开毫无生息的嘴
……

宇宙在平静的痛苦中逝去
没有太阳的聚会，没有绿色的黎明……

相反，诗人对圣地亚哥最好的写照则是《狂歌集》里的一首《反城市》。诗歌描述了车水马龙、过度拥挤、烟雾弥漫而处在崩溃边缘、一肚子怨气的城市：

悲伤的圣地亚哥城
伸开她落满灰尘的腿
像一块灰色的乳酪般摊开
从坚硬纯净的天空望去
好像一只死蜘蛛
她由阴沉的征服者
用凄凉的土坯建起
而我的城市
又被苍蝇、烟雾
横行的车马
削土豆的人
屠宰场的气味
市井的辛酸掩埋

这一切把她慢慢抛弃
又用灰烬给她下葬

在《狂歌集》中，诗人不仅把圣地亚哥当作自己的城市，同时也承认了自己不可避免的“首都人”身份，而圣地亚哥的“束束星光”也让诗人“顿悟”。在诗集中的《圣地亚哥之歌》中，聂鲁达写道：

滋养我的城市啊，
我无法对你的胸襟无动于衷
无法与给过我痛苦的市井绝交
无法忘怀落在马波乔河岸
屋顶上的夕照
和她凄凉的咖啡色
接着，城市燃烧起来
像颗星星一样闪烁不定
而她束束星光
让我顿悟
城市原是一艘绿船
我乘着你扬帆远航

也许聂鲁达受了埃及亚历山大诗人康斯坦丁·卡瓦菲斯的启发；后者曾在《城市》一诗中写道：

这个城市会永远跟踪你。
你会走向同样的街道，衰老
在同样的住宅区，
白发苍苍在这些同样的屋子里。
你会永远结束在这个城市。
不要对别的事物抱什么希望：
那里没有你的船，
那里也没有你的路。
既然你已经在这里，
在这个小小的角落浪费了你的生命
你也就已经在世界上的任何一个地方毁掉了它。[1]

而聂鲁达写道：

我怎能忘记你的街道
因我总是回到他们的怀抱

① 译文引自《卡瓦菲斯诗集》，黄灿然译，河北教育出版社，2002 年。

不论我走到哪里，总会突然
想起要去赴约
我加快脚步，连跑带飞
直到踏上你的石板路！
直到那时，我才明白自己是谁
我才悟到期待我的是什么
终于，我和自己重聚

聂鲁达在长诗中表达的对圣地亚哥之爱只有鲁文·达里奥的《圣地亚哥印象》能一比高下，而聂鲁达自成一体的含蓄幽默中也透着对圣地亚哥特殊的柔情：

啊，圣地亚哥，我是
你变幻莫测的爱心的一个街角
就像热情的旗帜
我在心底如此爱你
如果你不打我，我会受苦
如果你不杀我，我会死亡
我只有你，而没了你，
我不知何去何从

而关于自己的出身，聂鲁达在散文《拉多雷、普拉多和我的影子》中表达了对佩德罗·普拉多——诗人、画家、建筑师——的钦佩，也谈到了公民认同感在文学中的意义：

> 普拉多是第一个在作品中完全不为自己是乡下人而害臊的智利人；而我却已习惯了这种羞耻感。

佩德罗·普拉多还成立了“十人会”[①]，他丰富的内涵、与聂鲁达之间的友谊，让他和只身来到陌生城市闯荡的年轻诗人惺惺相惜。聂鲁达曾写道：

> 我来自多雨的南方，与它冰冷土地有着只言片语的默契。我与普拉多的对话构成了我青春期对生活的认识。普拉多对大自然的透彻理解有让人耳目一新的成熟；他无边无际的哲学漫谈，展现的智慧和他那极具表现力的话语，让我明白了社会组织和结盟交友的无限可能性。

① 即 Los Diez/Los Ⅹ，智利 1914—1924 年之间文化界影响最大的团体，由作家、建筑师、画家、音乐家、雕塑家等组成。

聂鲁达对佩德罗·普拉多和对其他刚刚结识的作家表现出一种质朴的钦佩，这在他给卡洛斯·萨巴特·厄克卡斯提的信里一目了然。1923 年 5 月 13 日，聂鲁达向萨巴特写道：

> 我的诗集《夕照》再过 20 天就出版了。
>
> 您认识佩德罗·普拉多吗？他是我们智利最高尚的人和我们国家唯一的真正艺术家。

在给萨巴特的第二封信中，聂鲁达写道：

> 过几天我会给您寄一本怪书——巴勃罗·德罗卡的《呻吟》。这本书太不一样了，得从全新的角度来看它。我很想知道您怎么看这本书。我提醒冈萨雷斯·维拉[①]给您寄书。他是新生代小说家里最前卫的，他会给您寄他写的《极简人生》。

“十人会”文化团体会集了乐观、想象力丰富的年轻人

---

① 何塞·桑托斯·冈萨雷斯·维拉（1897—1970），智利作家，1950 年获得全国文学奖，作品多以无产阶级视角反映底层人民的挣扎。

聂鲁达和智利年轻诗人们在“秦塔洛斯索斯”饭店聚餐并合影留念（聂鲁达在第二排中间两位女士间抱臂而坐）。

智利圣地亚哥，1924 年（巴尔塔萨·罗布雷斯摄影）。

出处：智利国家图书馆作家档案

和满怀民族意识和拉丁美洲意识的纯粹的艺术家，他们怀着整合人类知识的愿景相聚一堂。

“十人会”是达达主义时期的组织，也是智利超现实主义的先知，还做过一件让后世吃惊的事情：出了一本属于自己团体的圣书。这本秘密圣书名叫《赫尔塞》（*Jelsé*），是个年轻人图响亮、图开心虚构出来的词，赋意为“达达”，也是胡戈·巴尔 1917 年发表的《同声诗歌》中的一部分，诗的第一句就是完全虚构的单词编成的音符串：“Jalifanto bambla o falli bambla ...”

《赫尔塞》分五部，又叫《五论之书》，但其中只有四部的名字为人所知：《梭鱼》、《大兽的趾甲》、《鸽子》和《独角兽》；第五部的名字则笼罩在层层神秘之下。

“十人会”诞生之时，第一次世界大战蔓延，十月革命爆发在即，智利社会运动风起云涌。用佩德罗·普拉多的话说，“十人会”成员已经做好准备接受“一个解放人心、净化灵魂、喜事重重的时代”的洗礼。“十人会”成员的名字也受了达达主义的影响：有人叫“未出生”、有人叫“桃，子”（这些怪异名字不禁让人想起智利北部二十世纪初民间诗人的各种怪诞笔名，比如著名的K. 布里托修士）。除了给自己取荒诞的名字，“十人会”还给一年十二个月改头换面：一月叫作“流浪之月”，二月叫作“欢乐之月”，三月叫作“顺从之月”，四月叫作“犹豫之月”，五月叫作“忧郁之月”，六月叫作“藏身之月”，七月叫作“遗忘之月”，八月叫作“忠实之月”，九月叫作“盛开之月”，十月叫作“浪子之月”，十一月叫作“宁静之月”，十二月叫作“炎炎之月”。

1916年6月19日到7月2日之间，“十人会”举行了“第一届智利文化进步核心小组展”，展出了上百幅画作、雕塑、蚀刻版画、绘画，包括佩德罗·普拉多和马努埃尔·麦哲伦·穆热[①]的作品。值得一提的是，“十人会”在《信使报》陈列厅的展览仅比达达主义在苏黎世伏尔泰咖啡馆同年2月8日下午六点的诞生晚四个多月。

随着成员生老病死，斗转星移，影响力相当的“十人会”慢慢衰落了。历史上一般认为，“十人会”的活跃期在

① 马努埃尔·麦哲伦·穆热（1878—1924），智利浪漫主义诗人、剧作家和记者。

1916—1924 年之间，但直到今天，“十人会”的前卫艺术也没被完全理解。“十人会”的艺术运动涵盖了各类风格迥异的艺术家；毫无疑问的是，它也影响了当时其他艺术创作领域的发展。创始人普拉多在《“赫尔塞”肤浅入门宣言》中深刻的话语如今仍有着鲜活的现实意义：

> “十人会”不是教派，不是机构，更不是什么协会。“十人会”没有铁定的规矩，它唯一目的就是把艺术作为一种天赋的自由来培养……想入会，必须先相信我们并不代表着世界的希望，但我们必须擦亮双眼，对身边的一切明察秋毫，寻找体现这世界希望的事物……

“十人会”著名成员之一是画家胡安·弗朗西斯科·冈萨雷斯。毋庸置疑的是，年轻的聂鲁达结识了当年最重要的画家、美术教授冈萨雷斯。画家的儿子子继父名，子承父业，取了“卫伦”[1]的艺名。他曾给聂鲁达画了一张肖像，作为插画发表在《狂歌集》第一版上（光明出版社 1923 年

---

① 卫伦（Huelen），智利原住民马普切人语言里“痛苦”的意思，圣地亚哥的圣卢西亚山原名也叫卫伦山。

聂鲁达在“大力神”饭店
和智利年轻诗人朋友们戴着餐巾叠成的帽子合影
（后排右四），智利圣地亚哥，1932 年。
出处：智利国家图书馆作家档案

出版）。

多年后，聂鲁达病危时，依旧怀着对他深爱的、饱受摧残的城市的渴望——那曾是诗人的快乐空间。

“为赋新词强说愁”

1924年6月，卡洛斯·乔治–纳西门托出版了聂鲁达的《二十首情诗和一支绝望的歌》（以下简称《情诗》）。纳西门托不仅是智利第一个大力发掘本国诗人的编辑，同时也极大地促进了智利文学的发展。

在聂鲁达眼中，《情诗》“是青春期的书”，不免为赋新词强说愁；但这改变不了《情诗》是阅读人群最浩大的西语情诗的事实。它由一个年轻人为所有时代的年轻人所作，也使年轻的诗人一举成名。《情诗》的出版也粉碎了当时流传的、“给年轻人写诗离不开矫饰”这一谬论。《情诗》中体现的情欲、激情、热烈和对鲜活生命力的肯定与同年代青春作品表现的主题不谋而合，比如雷蒙德·哈迪盖[①]十四岁创作的小说《魔鬼附身》和亚兰·傅尼叶[②]在战死沙场一年前、十八岁时完成的《美丽的约定》。

聂鲁达的朋友中，也有一位像他一样“十五岁即诗人”的年轻才子。和聂鲁达同岁的罗密欧·穆尔加于1904年6月18日生于智利北部城市科比亚波。诗人没活过二十岁，但生前早已名声大噪，社会影响至今犹存。和聂鲁达一样，罗密欧十六岁从中学毕业，1920年3月来到圣地亚哥，在师范学院学习法语和西班牙语。两人是朋友，相互交流诗作，还一同参加文学竞赛。

在智利学生联合会1921年主办的“春天节日”诗歌比赛上，聂鲁达的诗歌《节日之歌》赢得了一等奖；1923年，穆尔加的《节日的诗歌》摘取了学生诗皇大赛的一等奖。两首诗之间有着明显的相似之处：这不但反映了年轻诗人共有的浪漫主义和多愁善感，也见证了两人不断的通信、互读和诗歌主题上的吻合。

---

① 雷蒙德·哈迪盖（1903—1923），又译雷蒙德·拉迪盖，法国作家，主要作品有《魔鬼附身》《德·奥热尔伯爵的舞会》等。

② 亚兰·傅尼叶（1886—1914），法国作家，唯一的作品《美丽的约定》被认为是法国文学经典。

为了子女未来能有一技之长，罗密欧的父母在教育上呕心沥血 。他们甚至带着孩子们离开曾度过愉快童年的科比亚波，举家搬到圣地亚哥，好让子女能接受高等教育。罗密欧曾在《空屋》一诗中追忆起儿时的故乡，把它比作失去的乐园，并在诗中重现了儿时的家具、枝形吊灯、钢琴、地毯、窗帘和光晕。

和聂鲁达不同的是，穆尔加有着全家人的理解和支持，不仅有生活上的关怀，还有对子女艺术方面的栽培。穆尔加学过小提琴，也会弹奏钢琴；他受到的音乐教育对他的诗歌创作起到了关键的作用，为后者注入了韵律和极为丰富的音效——人声是他诗中主要的元素，在《你的声音》一诗中体现得淋漓尽致。可惜的是，穆尔加取得教师资格开始教法语没多久，就在 1925 年染上肺结核撒手人寰了。

聂鲁达曾在自传《我坦言我曾历尽沧桑》中提到过穆尔加，说他比自己“高很多、举动笨拙”，宛若一个“身高两米、穿着破旧黑衣的堂吉诃德”[①]。聂鲁达讲到，他俩曾一起到圣贝尔纳多参加花神赛诗会。当天正好轮到两个年轻人朗诵自己的诗，但罗密欧的语气比聂鲁达更阴郁，结果听

① 引自《我坦言我曾历尽沧桑》，林光译，南海出版公司，2015 年。

众们一片嘘声：“滚出去！写诗的饿鬼们！别扫大家的兴！”

《情诗》出版时聂鲁达刚刚二十岁，但这些诗的酝酿却在很多年前就悄然开始了。出版后过了一个月，也就是1924年8月20日，聂鲁达在《民族报》上发表文章，谈起了他的创作经历：

> 十年的孤独寻觅，半生的精力，化作百变的韵律、柳暗花明的才思。我把它们收集起来，反复梳理，寻找永恒的元素却无果——因为所谓的永恒是不存在的。就这样，《二十首情诗和一支绝望的歌》诞生了。这诗集就像难以捉摸的思绪一般分散——变幻莫测、有苦有甜。而表述这些思绪的过程，真叫我呕心沥血！

二十岁的少年，就已花了半生的精力写诗！还有那令人惊异的爱情生活……

截至1961年，《情诗》已售出了一百万本 。《情诗》将爱情的艺术传授给了拉美和世界各地的年轻人。聂鲁达在1961年版《情诗》“序言”中写道，“这本充满痛苦的书竟为许多人指明了通往幸福的路，这真是一个令我费解的奇迹”。在“序言”的结尾，诗人自问道：“但对自己作品的命运，诗人还有什么更美的期待吗？”到1972年，《情诗》已经印了两百万本。为纪念这一重大时刻，拉斯孔德斯文化中心于一天傍晚举行了露天庆祝活动。拉蒙·伊萨吉雷拍卖了文献学家的特别版《情诗》。拍卖结束后，年轻人坐满草坪，倾听诗人朗诵诗歌。

在这本饱含热情的书中，城市和夕照依稀可见，但多了诗人深爱的女人形象：

> 我从我的窗口看见过
> 远方群山之巅落日欢度的场面①

而爱人的远离，在诗人的笔下则成了光芒让位给黑暗之前最明亮的挽歌：

> 总是，你总是穿过薄暮往后退，
> 退向黄昏开始抹掉雕像的地方。②

---

① 译文引自《聂鲁达诗选》，黄灿然译，河北教育出版社，2002年。

② 同上。

政治上的激进，艺术的先锋

如果要对聂鲁达的政治身份刨根问底，我们不能忽略他反抗权威的本性——一种超越藐视父权的无政府主义精神。聂鲁达刚到圣地亚哥的时候还是个孩子，在位于马鲁里街513号的膳食宿舍安身。宿舍位于可回溯到殖民时代的老城区，对面是火车站和马波乔河，在拉斯沃尔尼亚斯山脚下熙熙攘攘的居民区旁边，附近是中央菜市场和圣地亚哥城市的心脏——武器广场。

1920年的智利，社会斗争此起彼伏。学生和工人运动也受到激发了第一次世界大战的无政府主义精神的鼓舞。智利总工会有着明显的无政府主义立场，全世界的人民也都因俄国革命胜利振奋不已。年轻的诗人并没有冷眼旁观，而是被无政府主义者的社会运动和工人、学生、机器操作工和家庭主妇在智利学生联盟总部开展的集会深深地影响了。

1917年出版、由胡里奥·莫里纳·努涅斯和胡安·阿古斯汀·阿拉亚编写的《抒情诗集》是智利公认的最好的诗集之一，也是聂鲁达和其他二十年代智利诗人的“参考书”。诗集中的一章专门收录“无政府主义诗人”的作品——首先是戈麦斯·罗哈斯、马努埃尔·罗哈斯[①]，其次是马格诺·艾斯宾诺莎[②]、路易斯·欧雷阿[③]、爱德华多·何恩托索[④]、安东尼奥·阿塞维多·埃尔南德斯[⑤]和弗朗西斯科·佩索阿[⑥]。佩索阿悲怆的《复仇之歌》抒写了发生在伊基克圣玛利亚学校的惨案，上千抗议的硝石矿工人被屠戮。惨案的讯息像工友间的诗歌《草原之歌》一样迅速传播开来。智利、阿根廷、乌拉圭的工人和玻利维亚的矿工、巴拿马运河劳苦工作的人

① 马努埃尔·罗哈斯（1896—1973），智利作家、诗人，1957年全国文学奖获得者，年轻时曾为无政府主义导向的阿根廷《抗议报》和智利《战役报》供稿。

② 马格诺·艾斯宾诺莎（1875—1906），智利工人领袖，曾为改善工人境遇而加入无政府主义斗争。

③ 路易斯·欧雷阿（生卒年不详），智利无政府主义运动者，《无产阶级者》周报创始人。

④ 爱德华多·何恩托索（生卒年不详），智利工人领袖、民主党员，1921—1924年间担任众议员。

⑤ 安东尼奥·阿塞维多·埃尔南德斯（1886—1962），智利社会戏剧鼻祖，作品多反映边缘人物的悲惨生活。

⑥ 弗朗西斯科·佩索阿（生卒年不详），智利烟草工人、民谣诗人，曾和欧雷阿等工友将无政府主义运动在智利北方硝石矿工人之间大力传播。

们用《缺席》一曲的旋律传唱《草原之歌》（“我歌唱草原，那悲伤的土地／被诅咒的土地……”）。值得一提的是，胡里奥·莫里纳·努涅斯和胡安·阿古斯汀·阿拉亚在诗集中对藐视一切权威的意识形态做出了反思，他们指出，有些无政府主义者的目标并不是改变世界：“他们的目标仅局限在表达我国无产阶级、矿工、佃农的痛苦，怀着真情实感表述智利底层人民的痛苦。”

无政府主义者对智利当年的社会运动产生了深远的影响，对路易斯·埃米利奥·雷卡瓦伦也不例外。就像《抒情诗集》的主编所说的那样，智利特色的无政府主义与暴力不沾边；相反的是，智利的无政府主义者身体力行，通过在工人中心、工会演说，力图用思想和理性的力量来说服大众认识社会正义与和平的力量。尤其是自第一次世界大战以来，和平的力量逐渐压倒暴力的诱惑。智利著名的无政府主义者何塞·多明戈·戈麦斯·罗哈斯为人慷慨、魅力非凡；在他的影响下，安东尼奥·阿塞维多·埃尔南德斯、马努埃尔·罗哈斯与何塞·桑托斯·冈萨雷斯·维拉都成了无政府主义的代言人。戈麦斯·罗哈斯是个年轻的诗人，信奉基督教，相信救赎的力量，也受到了尼采哲学的影响；他曾活跃在新教教会，之后参加了第一次世界大战，并加入了激进党。毫无疑问的是，戈麦斯·罗哈斯成了一代年轻诗人的精神导师。

在无政府主义的影响下，年轻的聂鲁达成了智利大学学生会激进杂志《光明》的撰稿人。《光明》杂志自戈麦斯·罗哈斯遭暗杀后问世，到聂鲁达加入时已出版了 39 期。聂鲁达虽然从未见过戈麦斯·罗哈斯，但诗人对这年轻的无政府主义者钦佩有加。戈麦斯·罗哈斯的遇刺也让聂鲁达和当时的广大学生和工人义愤填膺。

聂鲁达对戈麦斯·罗哈斯的钦佩是毋庸置疑的：年轻的诗人甚至千方百计救出了后者未出版的《全集》的手稿。多年后，聂鲁达五十岁生日的时候决定把自己的图书、重要文件和收藏的海螺捐给智利大学，同时也献出了珍藏多年的戈麦斯·罗哈斯手稿。也许聂鲁达对收藏的热衷，就是从《光明》杂志社档案中抢救小英雄的手稿开始的吧。

在智利麦哲伦大区的卡洛斯·维嘉和法比奥·莫拉加的策划和协助下，戈麦斯·罗哈斯的《全集》终于问世。作品正式命名为《何塞·多明戈·戈麦斯·罗哈斯：生平及作品》[1]，在作者诞辰一百周年时由蓬塔阿雷纳斯市的阿泰利出版社出版。卡洛斯·维嘉告诉我，是他们亲手誊录了戈麦斯·罗哈斯的手稿，并把它一字不漏地呈现在世人面前。两位付出的辛劳，堪称智利文学史上的“考古项目”，两人夜以继日却乐此不疲。在智利大学保险箱里保存了几十年后，戈麦斯·罗哈斯一笔一画写下的手稿现在陈列在安德烈斯·贝佑[2]档案馆中：手稿包括戈麦斯·罗哈斯所有的文章和诗句，其中大多数从未出版——有表达其基督教信仰的诗，有叛逆的诗歌、挽歌，有在报刊上发表过的散文和日记。遗憾的是，戈麦斯·罗哈斯的小说《从海到海》、剧本《爱情死了吗》和在克里塞奥剧场首映的话剧《悲伤的酒》剧本，以及他送给冈萨雷斯·维拉的《游子》剧本的手稿至今下落不明。

在如此重大的发现面前，我们不得不问，为什么聂鲁达从未提到过自己有着戈麦斯·罗哈斯的手稿？为什么聂鲁达没有想办法出版诗人的作品？是因为不重视，还仅仅是因为淡忘了？

---

①《何塞·多明戈·戈麦斯·罗哈斯：生平与作品》，蓬塔阿雷纳斯阿泰利出版社，1997 年。

② 安德烈斯·贝佑（1781—1865），又译安德烈斯·贝略，委内瑞拉人文主义者、诗人、立法者、哲学家、教育家、语言学家，1829 年移居智利，1843 年创办智利大学。

达达的诱惑

《光明》杂志的主编之一，阿尔韦托·罗哈斯·希门内斯（1900—1934）也创立了《乌莱米亚》杂志，还撰写了杂志的第一宣言《阿古》——两者都充满了达达主义的影响。罗哈斯·希门内斯是出色的年代记编者、艺术评论家，也是阿尔瓦罗·亚涅斯[1]和路易斯·瓦尔加斯·罗萨斯主编的《民族报》“蒙巴纳斯”文艺版面撰稿人。罗哈斯·希门内斯是个与众不同的人，他出生在瓦尔帕莱索市，博闻强记，对欧洲当代最出色的作家作品了如指掌，用个人魅力横扫圣地亚哥波西米亚圈子。罗哈斯·希门内斯是“20年代”艺术家中的领头羊，他们之中有聂鲁达、鲁文·阿

① 阿尔瓦罗·亚涅斯（1893—1964），笔名胡安·埃马尔，智利作家、文学评论家、画家。

索卡尔[①]、托马斯·拉戈[②]、阿尔瓦罗·伊诺霍萨[③]、华金·西富恩特斯·赛普维达[④]、罗莎梅尔·德尔瓦耶[⑤]、温贝托·迪亚斯·卡萨努埃瓦[⑥]、沃梅罗·阿尔瑟[⑦]、费德里克·里奇·桑切斯[⑧]、奥兰多·奥亚逊、路易斯·艾米里昂诺·菲格罗阿、豪尔赫·索雷[⑨]、阿尔瓦罗·亚涅斯和阿韦拉多·布斯塔曼特·帕辛[⑩]。罗哈斯·希门内斯喜欢折纸鸟，叠好后向里吹一口“生命之气”，活脱脱一个古怪精灵附身的魔术师。他在一个故事中写到了年轻的聂鲁达的魅力：

几个月前，我们的大诗人巴勃罗·聂鲁达在圣地亚

---

① 鲁文·阿索卡尔（1901—1965），智利作家。

② 托马斯·拉戈（1903—1975），智利诗人、学者、文化活动家，对智利艺术和民间工艺造诣很深。

③ 阿尔瓦罗·伊诺霍萨（生卒年不详），智利诗人。

④ 华金·西富恩特斯·赛普维达（1899—1929），智利诗人，聂鲁达密友之一。

⑤ 罗莎梅尔·德尔瓦耶（1901—1965），智利二十世纪最著名诗人之一，原名摩西·古铁雷斯，与聂鲁达、维多夫罗、德罗卡、温贝托·迪亚斯·卡萨努埃瓦同为智利前卫艺术运动的领军人物。

⑥ 温贝托·迪亚斯·卡萨努埃瓦（1906—1992），智利先锋派诗人、教育家、外交官。1971 年获得智利国家文学奖。

⑦ 沃梅罗·阿尔瑟（1901—1977），智利诗人、聂鲁达的秘书（曾为其服务三十年）。聂鲁达曾为其文坛处女作配插画。

⑧ 费德里克·里奇·桑切斯（生卒年不详），智利插画师。

⑨ 豪尔赫·索雷（生卒年不详），智利摄影家。

⑩ 阿韦拉多·布斯塔曼特·帕辛（1888—1934），智利画家、雕塑家。

哥一个剧院朗诵了他的新作。诗人站在舞台正中央，戴着硕大的东方面具，观众只能听到他的声音。他朗诵到最美的几首诗的时候，我忽然想到一个滑稽的主意：巴勃罗应该在一句诗里插进pipiritiuque[①]和Herregud[②]两个词。想想我都觉得荒唐，但还是忍不住。聂鲁达继续朗诵：

“放开我的手，pipiritique,

“给我的心自由，Herregud!”

我和全场听众都惊异不已，但聂鲁达却沉浸在朗诵之中、完全是下意识地提到这两个词。他一口咬定从来没出过这回事。

面具和剧院是聂鲁达生活中的两大要素。年轻的聂鲁达经常在剧院朗诵新创作的诗歌，并以其艺术魅力征服了圣地亚哥。剧院对城市有着至关重要的作用。有了剧院，就有了居民聚会和娱乐的地方；城市的建设也离不开它。任何一个人类居住的地方都可能有广场、教堂、检查站、军团等

① 一种劣质烈酒的俚语叫法。

② 挪威语，意为“我的天哪”。

等，但只有有了用于娱乐和表达的剧院，才能算作城市。聂鲁达在远东写下的游记《给戏装国的上供》中曾宣称："我想装成戴面具的舞者；我想改名叫米迦勒"，这无不表达了诗人对化装的热衷和他戏剧化的个性。

聂鲁达和圣地亚哥精英的关系让他从另外一个角度来审视世界，这让他和导师佩德罗·普拉多之间出现分歧。聂鲁达曾说：

> 我和普拉多的分歧基本上存在于关于人生的意义和文学以外的方面……我们一代人中的大部分都把价值观和文学、把书本和人生分开来看。比起文学，我们更偏爱市井、自然、烟雾缭绕的棚户区、悲凉却令人着迷的瓦尔帕莱索港口、第一次世界大战时期激荡混乱的工人集会……

《赫尔塞》所倡导的前卫主义和《乌莱米亚》杂志异曲同工，但前卫艺术的暗流其实早已开始涌动。戈麦斯·罗哈斯早在1914年4月在乌拉圭蒙得维的亚《理想之爱》杂志第五期上发表了《未来之歌》（后收录入《全集》）。《未来之歌》由一句预言开篇：

来感受我艺术家欣喜若狂之极光
未来在歌唱，星辰的胜利
在歌唱！
愿我未来之歌美好！

《未来之歌》写给大地的弃儿——“往昔的奴隶”、“沟壑里的播种人”、“沙漠里的游牧者”、“大地的矿工”和“至高无上的叛逆之徒”：

写给你们，给干渴的人们
你们骑在风的背上，骑在小马驹上
乘在电和火车头上
你们想把晨曦还给太阳
因为你们已厌倦
脚踩大地的苟生，而想征服
星辰的世界。

何塞·多明戈·戈麦斯·罗哈斯十六岁就出版了第一

本诗集——《叛逆诗集》。随后，蒙得维的亚的《理想之爱》杂志推介了朋友聂鲁达的作品。

戈麦斯·罗哈斯引起了评论家阿洛内的注意。虽然后者一贯保守，却对新事物有着本能般灵敏的嗅觉：

如果说新的流派以绝对意义上的自由、想象力和情欲为特点，却缺乏智慧和心灵的力量、没有感伤主义和理性的羁绊，那么聂鲁达与这一流派完美吻合：他欣赏前卫的奇幻画家和不和谐的音乐。

阿洛内也不放过这个戏谑年轻人的好机会：

年轻人们把聂鲁达当成了天才。有那么一段时间，少男少女们争相仿效聂鲁达，毫无保留地赞扬他，临摹他的画、抄写他的诗，连他戴帽子打领带的方式也不放过。

不久，聂鲁达被任命领事后，阿洛内却含糊地表达了对诗人和诗歌的前途的担忧：

政府派聂鲁达去亚洲当领事了。诗人从远东发回了几封信，写得很有文采，但是只是寥寥几封而已。之后就没信儿了。而聂鲁达过后，智利再没出过值得一提的诗人。智利的诗歌不过是这个世纪刚刚出现的新现象，看来没撑多久又销声匿迹了。

1933年2月17日，聂鲁达给好友艾克托·艾安蒂寄了一本刚刚出版的《大地上的居所》，一册《二十首情诗和一支绝望的歌》和一封信，信中写道：

对于世界的形势，我并不感到痛苦。

我还是在重新融入西方的生活。我喜欢享受以前一直没机会享受的乐趣。

一股马克思主义的浪潮正在席卷世界。智利的朋友们不停地给我写信，不厌其烦地劝我皈依马克思主义。实话说，就现在的政治形势来说，只有共产主义这一个选择。其他政治上的主义都慢慢衰落、瓦解了。除了参政，唯一的道路就是做社会里活跃的一分子。

多年前我曾信奉无政府主义，还在亲近无政府主义、站在工人利益一边的《光明》杂志当过撰稿人——那也是我第一次发表我的想法、我的文章。但是直到现在，我还是不能完全信任无政府主义者对一些国家制度的看法，对不纯的政治的看法，但我觉得，我一个浪漫主义的知识分子的看法无足轻重。为体制服务的艺术不论在任何时代都只能诱惑最差的艺术家。现在市面上充斥着给莫斯科的赞歌，就像无处不在的装甲列车一样。而我的诗，依然以梦想为题。

致萨瓦特·艾尔卡斯特的四封信

聂鲁达与无政府主义的另外一条纽带，是他和奥古斯托·温特[①]的友谊。温特写过一首叫作《天鹅之逸》的诗。

关于这份友谊，聂鲁达曾于1924年2月14日在因佩里亚尔河畔写给萨瓦特·艾尔卡斯特的信中提到过。信里，聂鲁达讨论了一本独一无二的书——巴勃罗·德罗卡的《呻吟》。

除了青年的愤慨、对以写诗为生的感悟之外，信里还提到了年轻诗人团结他敬佩、欣赏的同仁组建一个真正团体所做出的努力。聂鲁达在表达这个意愿之后，也马不停蹄地

---

① 奥古斯托·温特（1868—1927），智利诗人。根据聂鲁达的回忆录，温特曾在智利南方萨维德拉港口城市任图书管理员，并由此结识了酷爱读书的年轻诗人。

向着目标奋斗。聂鲁达是群众的守护者，是工会里的活跃分子，他善于团结人民；聂鲁达总在琢磨，怎样才能把诗人们团结在一起，让大家相互认识，并让更多的人了解诗人团体。而在组织过程中，聂鲁达的诗歌成了最好的交流媒介。一次在给萨瓦特·艾尔卡斯特的信中，聂鲁达写道：

> 我也认为，如果没有一个切实的目的，那么写这些信是没有意义的。切实的目的可以是寄书、写游记或者讨论项目。为写信而写信只能让手指无谓地疲劳。由于我总忙着投身其他的事业，所以信里总是不由自主地言不由衷。我以后就不给您写信了：您给我寄几首诗来，我们可以不断交流诗作——有诗人的默契，一切尽在不言中。

“投身”在这里是个关键词。聂鲁达团结诗人、投身工人和学生运动，在智利现代史上不仅前无先例，也后无来者。

（无日期，大约写于1923年5月13日）

卡洛斯·萨瓦特：

自从我读到您回信的第一句，我就可以宣称，没有任何一个人让我更钦佩，让我觉得更心有灵犀了。我也是写诗的，我从不记事的时候就开始读读写写，但是从来没有谁的作品让我感到如此震撼。萨瓦特，虽然我们之间隔着迢迢千里，但请接受我一个热情的拥抱。

我顺便和您分享一下我对您的书的一点看法——我在5月12日《光明》杂志里负责撰写的版块里提到了这点。

请把您其他的著作也寄给我，我只有您上次寄给我的一本书。

《人类之诗》的作者啊，请您继续给我写信。我想了解您的生活。请问您高寿？我十八岁。我的诗集《夕照》再过20天就出版了。我正准备再写一本诗集，我下次给您寄几首诗过去。您和我谈谈您对我诗的看法吧。我在自己的国家感到无比孤独。我想离开。您认识佩德罗·普拉多吗？他是我们智利最高尚的人和我们国家唯一的真正艺术家。我会给您寄几本他的作品。

看在您对一个年轻诗人的义务的分上，您也把您的新作寄给我看看吧。

我真是太懒、太贪玩了。三个月以前我就想给您写信，结果今天才动笔。

不久我将会从您的诗中精选出几首，加上一点我的赏析发给《光明》杂志。这是我们智利唯一的青年杂志。您给我寄张肖像画吧！

听说席尔瓦·瓦尔德斯[1]自杀了，这是真的吗？您认识智利其他诗人吗？您比较欣赏哪位？我会让最好的诗人把他们最好的作品寄给您。

请您别觉得我在装内行。请您接受我一个热烈的拥抱和我最真挚的钦佩！

巴勃罗·聂鲁达

智利圣地亚哥，3323号邮箱

① 席尔瓦·瓦尔德斯（1887—1975），乌拉圭诗人、作曲家、剧作家。

***

（大约写在1923年8月）

卡洛斯·萨瓦特，亲爱的朋友：

不久前我给您寄了封挂号信，这是封重要的信。我们这里有本杂志叫《酒神》。听说您那边也有《灯塔》杂志——您给我寄一份吧，智利这里谁都没读过呢。我给您附上一首小诗，您如果认识《道路》杂志社的人，就请把这首小诗寄给他们吧。您知不知道我能把《夕照》寄给谁？请您也给我们智利最出色的诗人佩德罗·普拉多寄几本书。请您给我寄一本《万神庙》和其他我还没听说过的书。过几天我会给您寄一本怪书——巴勃罗·德罗卡的《呻吟》。这本书太不一样了，得从全新的角度来看它。我很想知道您怎么看这本书。我提醒冈萨雷斯·维拉给您寄书。他是新生代小说家里最前卫的，他会给您寄他写的《极简人生》。请您和我谈谈您对这本书的看法，也谈谈您对我的朋友华金·西富恩特斯的《高塔》的看法。

我要去墨西哥办一场关于您的讲座。请您谈谈您作品中“淤泥”的象征意义。我长大的小镇常常阴雨连绵，疾风呼啸。看您的作品，您好像是树根中长出来的。

再会！

巴勃罗·聂鲁达

智利圣地亚哥，3323号邮箱

***

卡洛斯·萨瓦特：

您好。知道您读了《夕照》真让我欢喜。我收到了《人生》，之后我会写写我的看法，然后寄给您。您别忘了给我寄《万神庙》、《牧歌》和《海上的诗》。2月份我可能会去墨西哥一趟。我将会办一场关于您的讲座，所以我们现在要谈谈这件事。请您读读我附上的这首诗——《热情的投石手》。有人说能从这首诗里看到您对我的影响，您同意吗？我非常喜欢这首诗，但如果您也认为诗里您对我的影响太明显的话，那我还是把它烧了吧。我最敬佩的诗人就是您，但是一想到我绞尽脑汁寻找合适的字眼、符号来描述我的苦闷，却被控告是盗用了别人的措辞，反刍了别人的情感！这是我最大的痛苦，而比这更痛苦的，是我第一次觉得我进入了一块完全属于我的领地……

请您多多给我写信。我期待着收到您的每一封信、每一本书、每一首诗。我没收到《灯塔》，请您再寄一次。

您真诚的朋友，

巴勃罗·聂鲁达

智利圣地亚哥，3323号邮箱

***

因佩里亚尔河畔，1924年2月14日

亲爱的朋友：

我收到了您的来信——十一页美丽的信纸。我细心读完后，把它们团起来投向上涨潮水的浪尖上。我刚写完了我的新书《二十首情诗和一支绝望的歌》，打算4月份投稿出版。实在抱歉，我把说好要寄给您的书落在圣地亚哥了，但我会想办法尽快给您寄去。我还没收到您寄给普拉多的书。华金·西富恩特斯打那以后再也没有收到您的回信，他说他已经把书给您寄过去了。我既没收到《万神庙》也没收到《牧歌》。

请您给我惯常的地址写信。将来我有一阵子不会给您写信了。我不想在您全身心投入您事业的时候打扰您。我也认为，如果没有一个切实的目的，那么写这些信是没有意义的。切实的目的可以是寄书、写游记或者讨论项目。为写信而写信只能让手指无谓地疲劳。由于我总忙着投身其他的事业，所以信里总是不由自主地言不由衷。我以后就不给您写信了。您给我寄几首诗来，我们可以不断交流诗作——有诗人的默契，一切尽在不言中。

萨瓦特·艾尔卡斯特，我亲爱的朋友：您已经明白，为什么这封信如此收尾。紧紧拥抱您，

巴勃罗·聂鲁达

又：奥古斯托·温特
智利萨阿维德拉港

这是一个智利诗人的地址。他住在这荒无人烟的河畔上，独来独往。我在这里一个多月的时间里和他谈到过您和您的诗。他的书让我感到很振奋，我会给您寄去几本。

政治诗人的东南亚之恋

到圣地亚哥几年后，聂鲁达便被任命为驻缅甸仰光的荣誉领事，刚在首都站稳脚跟却又要远走他乡。那时，缅甸还是个贫穷的殖民地。

1927 年的 6 月 14 日，聂鲁达踏上了遥远的旅途，开始了一场伟大的冒险。慷慨的聂鲁达把自己的一等舱船票换成了两张二等舱船票，好让他的朋友阿尔瓦罗·伊诺霍萨同去。到了布宜诺斯艾利斯后，两人踏上了前往里斯本的“巴登号”。7 月 16 日，轮船抵达马德里，7 月 20 日抵达巴黎，之后从马赛港口出发，经过一番辗转才到了仰光。

之后，聂鲁达在给艾克托·艾安蒂的信中写道：“和我

聂鲁达在锡兰科伦坡出任领事期间生活照，1929 年。
出处：智利国家图书馆作家档案

一起横越大洋的朋友离开了我。阿尔瓦罗·伊诺霍萨决定留在孟买；我现在只身一人。”《大地上的居所》的第一部分也就在这样茫茫的孤独中诞生。

在他乡的独特经历让聂鲁达不得不近距离接触了亚洲的神秘。聂鲁达在缅甸、锡兰、爪哇一共旅居了四年。瑜伽修行、印度教灵修和冥思静坐、如画的风景和当地手工艺品独特的魅力，对年轻的领事来讲都新奇而陌生。

1929 年，聂鲁达参加了加尔各答代表大会，认识到了殖民主义的覆盖面、影响力和各民族的反殖民斗争。诗人还认识了尼赫鲁–甘地家族[1]，也看到了熟悉的世界里不见天日的一面：饿殍遍地，生灵涂炭，人民为争取独立依旧斗志昂扬。

1930 年 3 月，甘地开始了盐路长征，带领成千上万的印度人面对大英帝国对盐的控制和盐税政策进行非暴力反抗。

毋庸置疑的是，不公平现象和殖民主义唤醒了聂鲁达，也使他更加成熟了。聂鲁达萌生了斗争的决心。就像诗人 1933 年

① 尼赫鲁–甘地家族是现代印度也是世界著名的政治家族，三位成员曾出任印度总理。

给友人、阿根廷故事作家艾克托·艾安蒂的信中写到的那样：

> 实话说，就现在的政治形势来说，只有共产主义这一个选择。其他政治上的主义都慢慢衰落、瓦解了；除了参政，唯一的道路就是做社会里活跃的一分子。
>
> 多年前我曾信奉无政府主义，还在亲近无政府主义、站在工人利益一边的《光明》杂志当过撰稿人——那也是我第一次发表我的想法、我的文章。但是直到现在，我还是不能完全信任无政府主义者对一些国家制度的看法，对不纯的政治的看法，但我觉得，我一个浪漫主义的知识分子的看法无足轻重。

那时，聂鲁达在爪哇（那时称为巴达维亚）认识了玛丽娅·安东妮亚·哈格纳尔（聂鲁达以智利人的习惯称她为“安东涅塔”（即“小安东妮亚”），后来索性把她唤作马璐佳）。在那火山遍地（许多是活火山）的沃土上，考古学家曾发现了直立人“爪哇人”的遗址，证明爪哇在八十万年前就见证了人类活动。聂鲁达，外国人中的外国人，孤单一人，刚刚经历了让他痛不欲生的惨烈失恋。幸运的是，在被

聂鲁达与第一任妻子玛丽娅·安东妮亚·哈格纳尔合影，
爪哇巴达维亚，1930 年。
出处：智利国家图书馆作家档案

乔斯·布莉斯抛弃后不久，聂鲁达就认识了这个克里奥尔[①]女子。马璐佳是荷兰人的后代，但也有少部分马来血统。聂鲁达曾在《我坦言我曾历尽沧桑》中写道，“（马璐佳）是个身材高挑的温柔女人，完全不懂艺术文学”。

没人能料到，聂鲁达会和美洲大陆以外的女人愉快相处。马璐佳对美洲完全没有概念，就更别提智利了，但聂鲁达很快与她完婚。马璐佳不懂西班牙语，于是吃力地学着。聂鲁达和新婚妻子用英语交流。在担任领事期间，聂鲁达还阅读并翻译了几位英国诗人的作品，如乔伊斯和威廉·布莱克。

1931 年，聂鲁达被派往新加坡，但随着全球危机的蔓延，智利政府取消了驻新加坡领事一职，于是聂鲁达夫妇很快又被迫离开。

***

对于聂鲁达来说，政治信仰就像土著民族的挂毯或东尼维镇斗篷的纵横条纹一样：挂毯和斗篷都是双面绣，虽然采

① 指在殖民地出生的欧洲后裔。

用的是同一绣法，但一面绘出了社会民生，而另一面则织出了诗情画意。而这也像聂鲁达的一生、他的陨落和其死而不朽的人性光辉，不仅在二十世纪影响深远，甚至如今仍有鲜活的现实意义。聂鲁达用诗歌颂扬草木、鸟兽、汪洋、建筑工人，通过文学和自己的一举一动诠释着诗人的政治身份。

豪尔赫·路易斯·博尔赫斯接受著名记者丽塔·吉伯特采访时毫无讽刺意味地说，聂鲁达最好的作品就是他的政治诗。博尔赫斯提到，虽然诺贝尔奖颁给了米格尔·安赫尔·阿斯图里亚斯[①]，但评委会也收到了对聂鲁达和博尔赫斯的提名——这也反映了聂鲁达作品的成就。博尔赫斯还说："如果我是评委的话，我不确定我会把诺奖颁给阿斯图里亚斯，但我肯定会发给聂鲁达。虽然我们政见迥异，但是他在诗歌上的成就比我要高。"——这使我至今难忘。多年后，博尔赫斯在与秘书罗伯托·阿里法诺的谈话中提到这件事。阿里法诺告诉博尔赫斯，聂鲁达读到《深沉的玫瑰》时激动不已；虽然智利诗人和《布宜诺斯艾利斯的激情》的作者在政治主张上完全相反，但聂鲁达说，政治主张并不是一

① 米格尔·安赫尔·阿斯图里亚斯（1899—1974），危地马拉小说家、诗人，被视为拉丁美洲魔幻现实主义的开创者，在拉美和世界文坛都有很高的地位，代表作《总统先生》《危地马拉传说》1967 年获诺贝尔文学奖。

个人最本质的一面。博尔赫斯也说过，“这是我和聂鲁达相通的一点。我对他的诗很感兴趣。有时聂鲁达创作的出发点是表达其政治立场，但如果他仅是从政治获得灵感，却不让政治影响诗的质量，那么这完全无伤大雅。”

聂鲁达的创作涉及所有的体裁，而并不把散文和诗对立起来看待，这点在聂鲁达自己选拣作品汇成的《政治诗歌》中有所体现。1952 年，《政治诗歌》由智利南方出版社出版，伊利亚·爱伦堡[①]为诗集作序。

在《政治诗歌》中，聂鲁达三首描绘城市的无产阶级诗歌——《硝石》、《夜的军火库》和《无光的小区》并非顺手拈来。《政治诗歌》分两卷，汇集了聂鲁达精心挑选的数首诗歌，也收录了他在国会的演讲——《我控诉》，和《与社会主义国家外交破裂的真相》《在墨西哥和平大会上的讲话》《在华沙世界和平奖颁奖典礼的发言》，以及作家托马斯·拉戈在布尔内斯广场 1952 年 8 月 14 日发表的演讲《聂鲁达和公民运动》和聂鲁达发表的演讲《回国感言》。

① 伊利亚·爱伦堡（1891—1967），前苏联犹太作家、新闻记者。回忆录《人·岁月·生活》被认为是其最杰出的作品。

同年，聂鲁达投身萨尔瓦多·阿连德第一次总统竞选活动。两人早在聂鲁达担任参议员时就结下了不解之缘。

散文是聂鲁达最喜欢的文学体裁之一。聂鲁达的散文受法国哲学家蒙田的影响，风格简洁、新颖、清丽，这也同样适用于拿事实和数据说话的政治演讲。聂鲁达散文的写作没有严格的方法或固定的结论，而是以表达想法、发人深省为目的。从他文学作品中丰富多元的内容出发，聂鲁达通过散文反思自己，试探新的领域，权衡某个话题，并对文章主题的范畴和性质进行探讨。

像蒙田一样，聂鲁达“带着善意”写作。他曾说：“我自己就是我写作的主题。”聂鲁达同意评论家马丁·塞尔达的评判：“散文总是和启发写作的主题——不论是一本书、一件艺术品，还是一种生活方式——紧紧连在一起，但又在主题之上，永远离完全的理性有着咫尺之距。散文总是‘被引发’的，这也就是说，它是受外物启发而诞生的；同时，散文又是‘临时性’的，这也就是说，散文永远在寻求对某一体系更周密的阐释：这也说明了为什么散文读者看到价值、真理、理想和坚定，但作者眼里却只有问题、不确定性和离题呓语。”

聂鲁达最好的散文作品都收录在他的回忆录和自传——《我坦言我曾历尽沧桑》和《我命该出世》之中，后者是马蒂尔德·乌鲁蒂亚和委内瑞拉作家米格尔·奥特罗·席尔瓦两人于1977年整理出版的。聂鲁达的散文提供了新的线索，帮助我们理解诗人对人类怀有的使命感。聂鲁达对这怎么看呢？诗人指出，对人类的使命感源于对自己的使命感，即用真情实感的语言来表达自己，就像加夫列拉·米斯特拉尔所言：“聂鲁达丰富的表达中有种固执；这是一种纯真的、智利人的特质。智利人民对这位伟大的诗人阅读甚少，甚至可以说是‘叶公好龙’，但诗人对纨绔做作、陈词滥调向来敬而远之。”（《关于聂鲁达》，1936）

身在智利，心系西班牙

1932年，聂鲁达携妻登上一艘名叫“弗拉弗利克”的货轮，开始了回国的旅途。也许是一路上艰辛窘迫，诗人写出了《货轮的鬼魂》，收录在《大地上的居所》第一部分。这本回忆录1933年由卡洛斯·乔治-纳西门托出版，首印量仅一百本。

抵达智利后，聂鲁达又从蒙特港启程到了特木科。回乡没几天，聂鲁达却迫不及待地动身前往圣地亚哥——看来诗人故地重游的经历并不愉快。聂鲁达在1932年9月26日给友人艾安蒂的信中倾吐道：

刚回国的时候，我甚至连西班牙语都不会了。我说话结结巴巴的，真是痛苦不已。货船糟透了，经过七十五天的磨难才到达目的地。我路过了曾囚禁我的锡兰，之后路过莫桑比克，之后就是一望无际的大海。路过布宜诺斯艾利斯对岸的时候，货轮离拉普拉塔河那么近，仿佛彼岸的灯火触手可及。想到你们就在附近，我恨不得让那恶魔般的船停下来，好张开双臂拥抱你们。我在船驶过海峡之前寄出了我的《海洋诗集》：我把它送上一艘英国船，夹在送往布宜诺斯艾利斯的邮件里。我在智利享过乐，也受过苦——这一言难尽。在智利这摇摇欲坠，大好春色也掩盖不了灾难腥味的国家里，有一种无声却致命的痛苦动荡，给生活带来了一种刺激感。

圣地亚哥并没有忘掉诗人。聂鲁达回国受到了知识分子圈的热烈欢迎，但玛丽娅·安东妮亚·哈格纳尔却没这好运气。马璐佳不懂艺术，艺术家们不但不接纳她，甚至还瞧不起她。智利画家佩德罗·奥尔莫斯曾回忆道，“聂鲁达回国时带着个荷兰女人，她身材高挑、动作迟缓、表情严肃。相比她庞大身躯，那脑袋简直小得可怜。我在圣地亚哥的街上常常看到他俩，两人之间总是保持着一定距离。我们办的沙龙她一次也没去过。”

聂鲁达的朋友中，玛利亚·路易莎·邦巴尔是唯一一个没嫌弃马璐佳的。那时邦巴尔还没开始写作，但已因为在法国的剧院演出过而小有名气。很快，玛利亚·路易莎和巴勃罗、马璐佳都成了好朋友。

那时，玛利亚·路易莎绝望地单恋上一个已婚男人——尤洛吉奥·桑切斯·欧罗修，反共准军事组织“共和国民兵队”的少校。该组织成员包括克里奥尔寡头中的重要人物，大半都是奢华“联合俱乐部”[①]的成员——包括尤洛吉奥·桑切斯。“共和国民兵队”并非前所未有的现象；智利之前出现过此类的组织，比如在北方号称“打鸽子”专家的“爱国联盟”组织——硝石矿工身穿白衣白裤，在沙漠中飞跑逃离迫害者的样子就像鸽子一样；此外，1924 年智利出现过“白色卫队”，1925 年出现过“共和国卫队”，1931 年出现过“民警卫队”。“共和国民兵队”是保守派针对 1932 年 6 月 4 日开始的智利社会主义共和国“十二日变法”[②]的

① 智利“联合俱乐部”成立于 1864 年，为圣地亚哥上流社会男士交友娱乐的地方。

②“十二日变法”：智利在 1932 年尝试建立社会主义共和国，但政权从 6 月 4 日上台到 6 月 16 日宣布告终仅持续了 12 天。

反抗。当时，社会冲突激化，军队也受到了革命的感染：社会游行此起彼伏，智利共产党宣布成立“工人、农民、战士、水手和印第安人的苏维埃共和国”。“共和国民兵队”成立于1932年7月24日（萨尔瓦多·阿连德的同学、医生海梅·品托·里耶思科抗争独裁者卡洛斯·伊瓦涅斯·德尔坎波阵亡的一周年纪念日），队长是工程师出身的尤洛吉奥·桑切斯·欧罗修。“共和国民兵队”逐渐壮大到五万成员，他们视暴力为政治武器，成员都来自最精英的寡头家族，还拥有总统阿图罗·亚历山德里·帕尔马的公开支持。

意识到尤洛吉奥永远不可能娶她后，伤心至极的玛利亚·路易莎·邦巴尔试图自杀。在这黑暗的时刻，聂鲁达站在朋友一边，对她报以理解和友谊；而诗人对暴力武装党的憎恶或许也是他选择支持邦巴尔的原因之一。

回到圣地亚哥没多久，聂鲁达就又被任命领事，这次派往布宜诺斯艾利斯，要求1933年6月到岗。聂鲁达邀请玛利亚·路易莎和他们夫妻同去阿根廷。玛利亚·路易莎同意了。一个月后，三人在邻国重聚。

当年的布宜诺斯艾利斯是美洲真正的文化之都。根据聂鲁达朋友阿尔瓦罗·亚涅斯的妹妹玛利亚·弗洛拉·亚涅斯的描述，读者可以一瞥聂鲁达在阿根廷的情况——聂鲁达得到广泛认可，并向“世界诗人”的身份迈进了一步。

玛利亚·弗洛拉告诉我们，聂鲁达住在一座象征着“更上一层楼”的城市里、“一座摩天大厦二十层的摩登公寓中”。从摩天大厦楼顶，聂鲁达审视着阿根廷之都：“这风景充满了傲气：布宜诺斯艾利斯脚跨阳台，头顶星星。”聂鲁达最终没有在阿根廷久留。1934 年，诗人被派往智利驻巴塞罗那领事馆，动身前往西班牙。

《西班牙在我心中》

西班牙人民为保卫共和国事业而进行的斗争给诗人留下了“自由”的深深烙印。在聂鲁达所处的时代，法西斯主义和民主之间的矛盾主导了世人的生活，而诗人也坚定地选择了社会主义阵营。

值得一提的是，在西班牙共和国的成就当中，也有与拉丁美洲加强文化交流的浓厚兴趣。马德里兴起了一本名为《玻利瓦尔》的杂志，主编是巴勃罗·阿夫利尔·德维维罗[①]和他的秘书 J. 佩雷斯·多梅奇。《玻利瓦尔》杂志在 1930 年 2 月到 1931 年 1 月之间一共出了十四刊，推介了

① 巴勃罗·阿夫利尔·德维维罗（1894—1978），秘鲁作家、诗人、外交官，拉美文学和艺术的倡导者。

拉美知识界的精英，聂鲁达也曾给杂志撰稿。《玻利瓦尔》就塞萨尔·巴列霍[1]苏联之行发表了文章，也收录了加夫列拉·米斯特拉尔、阿方斯娜·斯托尔妮[2]、何塞·卡洛斯·玛利亚特吉[3]的文章，并配有丰富的图片资料，包括许多版画和造型艺术品的照片。

与此同时，阿尔韦蒂也早就开始在西班牙张罗着出版《大地上的居所》——这点有聂鲁达和阿根廷作家艾克托·艾安蒂之间的书信佐证。得益于阿尔韦蒂的准备工作，聂鲁达到马德里的时候就已经是文学圈里的名人了。

《大地上的居所》于1933年由纳西门托出版社出版，首印仅一百本；1935年，回忆录由十字与线条之树出版社再版。加夫列拉·米斯特拉尔对它表达出了空前的热情赞扬："《大地上的居所》是给好学的读者再好不过的礼物，它一环扣一环地展现了诗人的成长。"洞察力敏锐的米斯特拉

---

① 塞萨尔·巴列霍（1892—1938），秘鲁最重要诗人之一，拉美现代诗先驱。聂鲁达曾说，"我爱巴列霍，我们是兄弟"。

② 阿方斯娜·斯托尔妮（1892—1938），阿根廷女诗人，南美最重要的现代派诗人之一。

③ 何塞·卡洛斯·玛利亚特吉（1894—1930），秘鲁记者、政治哲学家、社会活动家。

尔直击要害："对于追随主流的人来说，回忆录的主题也许并不合意：《大地上的居所》里的现代城市面貌狰狞，日常生活怪诞、窘迫，平凡的事物也变得不寻常……回忆录也包含对死亡的挽歌，但视角却不同于传统而独具匠心：死是物体和生命的腐朽、消亡；死亡是贯穿全篇的线索。聂鲁达在回忆录中对死几乎抱有一种痴迷，这种痴迷在不经意间给读者展现了毁灭、痛苦和腐败。"（《关于聂鲁达》，1936）

而聂鲁达抵达马德里，则是一系列政治事件的结果。黛丽亚曾说：

> 加夫列拉·米斯特拉尔遭了算计，被迫辞去驻马德里领事一职，智利政府于是把聂鲁达从巴塞罗那派去马德里继任。巴勃罗很自然地被当地艺术家和知识分子圈热情接纳，而我也是当地文艺圈里的一员。

打那以来，诗人便有了黛丽亚·德·卡瑞尔不期而至的帮助。五十岁的黛丽亚依然风姿绰约，是个热心、开朗、富有爱心的人，也是西班牙文艺圈活跃的一分子。黛丽亚成

聂鲁达与第二任妻子黛丽亚·德·卡瑞尔合影，
智利，1950 年。
出处：智利国家图书馆作家档案

了聂鲁达最好的公关员，也与聂鲁达展开了一场轰轰烈烈的爱情：激情的热烈程度和家庭夫妻不和、女儿先天患绝症给诗人带来的痛苦成正比。

黛丽亚也是共产党员，与很多法国共产党员和重要的知识分子都是密友，包括路易·阿拉贡[①]和妻子艾尔莎·特里奥莱。（俄国人艾尔莎是马雅可夫斯基情人丽莉·布里克的妹妹。）

考虑到政治工作与其他圈子的隔离，我们不禁要问，聂鲁达怎样成为了这些共产国际活动家的朋友？黛丽亚和他们也是同一圈子的人吗？奇怪的是，为西班牙共和事业斗争的还有其他杰出拉美艺术家和知识分子，比如古巴画家林飞龙[②]，但聂鲁达却从来没提到过他们。

曾有谣言说聂鲁达给共产国际当过眼线。关于这点，我们不妨看看聂鲁达自己的说法。聂鲁达曾以诙谐的口吻讲述他卸任驻西班牙领事后在巴黎度过的时光：

---

① 路易·阿拉贡（1897—1982），法国诗人，小说家。早年参加达达主义和超现实主义文学运动，后加入法国共产党。

② 林飞龙（1902—1982），古巴超现实主义画家，其父为广东人，西班牙内战爆发后结识了毕加索等人。

我得知奥赛码头那里有份关于我的报告，说的差不多是这么回事："聂鲁达和他的妻子，黛丽亚·德·卡瑞尔频繁去西班牙走动，传递苏联的指示。聂鲁达把指示传给俄国作家伊利亚·爱伦堡，两人也常常秘密前往西班牙。为了加强和爱伦堡的沟通并掩人耳目，聂鲁达还在爱伦堡居住的楼里租了一间公寓。"

诗人说，得知这份报告后他就动身走访尚不相识的爱伦堡，结果两人成了朋友。聂鲁达说道："好像爱伦堡从认识我那天起就开始翻译《西班牙在我心中》了。"

很少有书能像《西班牙在我心中》一样，把历史讲得像小说一样引人入胜。智利大学收藏了一本聂鲁达赠予的《西班牙在我心中》，现在陈列在安德烈斯·贝佑档案馆的聂鲁达图书室中。

《西班牙在我心中》的编辑、诗人马努埃尔·阿尔托拉吉雷曾说："在造纸厂工作的战士们造纸印刷聂鲁达著作的时候不但用了军需部提供的原材料（棉花和抹布），还把旧衣服、绷带和战利品——一面敌军军旗和一个摩尔人战俘的衬衫——加入了纸浆里。”

《西班牙在我心中》第一版印了五百册，出版信息里写着“（西班牙共和国）东路军军需部文学出版社，1938 年”。

聂鲁达在这版书结尾的“作者寄语”里写道：“这首歌颂西班牙人民的战功的赞歌收录在《大地上的居所》第三卷里。”

《西班牙在我心中》的第一版，除了捐献给智利大学的那一本之外，目前只有六本幸存了下来——一本在美国华盛顿特区的国会图书馆，一本在西班牙蒙特赛拉特修道院图书馆，一本在加泰罗尼亚图书馆，一本在墨西哥私人收藏家手中，还有两本在巴塞罗那大学图书馆。

恩怨情仇

在西班牙，聂鲁达找到了可以投身的事业，也收获了帮他走向世界文坛的一段爱情；西班牙也见证了诗人的婚变，和患有先天疾病的女儿的出生之痛。那时，很多人对聂鲁达的家庭生活猜疑纷纷，有的索性把他抛弃马璐佳和玛尔瓦·马丽娜一事编成话剧搬上了舞台。

《费德里克·桑切斯自传》中，作者豪尔赫·森普鲁恩[①]在《画马的女人——黛丽亚和她的时代》一书中对马璐佳的形象进行了补充。

---

① 豪尔赫·森普鲁恩（1923—2011），旅居法国的西班牙作家，主要用法语写作，著作包括《美丽周日》《旅途漫漫》等，其自传体小说《费德里克·桑切斯自传》曾获西班牙行星文学奖。

在这本言辞激烈、饱受争议的自传体小说中（费德里克·桑切斯是森普鲁恩作为共产党员的化名），作者提到了他在荷兰海牙1813广场附近的第二中学读高中二年级时的回忆。

在贝纳尔多·雷耶斯[①]的《家庭肖像》一书中有一张马璐佳·哈格纳尔亲笔信的传真件。信里，马璐佳提到了她的上司森普鲁恩，但却把姓氏抄错了。书中也登载了聂鲁达前妻从荷兰寄来的其他书信。信件表明，马璐佳已能用流利的西班牙语交流，书信的语气和蔼，常常提到聂鲁达寄给她和女儿的生活费。但纳粹德国进攻荷兰、第二次世界大战爆发以后，两人之间的书信来往开始变得断断续续。

何塞·玛利亚·森普鲁恩·古雷阿是西班牙托莱多的长官，并负责西班牙政府在荷兰海牙商业方面的事宜。那时，西班牙驻荷兰外交使团办公楼就曾建在1813广场上。何塞·玛利亚，这位医生出身的杰出政治家曾给数届流亡中的西班牙政府担任了不管部长[②]，1966年在罗马病逝。

---

① 贝纳尔多·雷耶斯（生卒年不详），智利作家，聂鲁达侄孙。

② 政府中不专管某一部事务的部长级长官，亦称不管部大臣、国务大臣。在实行内阁制的国家，不管部长通常是内阁成员，参与政府决策，承办内阁会议或政府首脑交办的特殊重要事务。

提到在荷兰读书的日子时，豪尔赫·森普鲁恩回忆道：

> 1937年，我在海牙给西班牙外交使团办事处工作，我父亲在西班牙内战期间曾代表政府处理商务，认识了一个记不清是爪哇还是苏门答腊的克里奥尔荷兰女人——聂鲁达的前妻。真是只有诗人才会娶这样一个女人：她高大魁梧、不按常理出牌，长得像一只睡眼蒙眬、温柔的长颈鹿。
>
> （《费德里克·桑切斯自传》第97页）

可以确定的是，离开西班牙之前，聂鲁达张罗着把马璐佳和女儿送到荷兰：就算我们猜想马璐佳这份工作是聂鲁达帮着找到的也并不牵强，因为这毕竟需要西班牙共和国政府高官的门路。马璐佳虽是荷兰人的后裔，会说荷兰语和其他几种语言但没有荷兰国籍。纳粹进攻荷兰以后，她继续在西班牙共和国外交使团办事处效力。

“温尼伯号”

在聂鲁达投身漫长的共产主义事业之时，黛丽亚起到了决定性的作用。在拉斐尔·阿尔韦蒂[1]笔下，读者可对聂鲁达政治信仰的形成略见一斑：

> 西班牙内战爆发后，聂鲁达领导了“远征”——在他的帮助下，三千多位曾为西班牙共和国事业奋斗的战士登上“温尼伯号”轮船，远离战火纷飞的祖国。大多数战士都是从法国集中营里解救出来的，几乎都是捕鱼能手。聂鲁达通过与智利共产党交涉，给战士们争取到了这个幸免于难的机会；之后，诗人正式加入了共产党，并最终成了共产党的参议员。那时候，

① 拉斐尔·阿尔韦蒂（1902—1999），西班牙作家、诗人，“27 年一代”重要成员。

黛丽亚已经小有名气，我们叫她“小蚂蚁”——她头脑清晰，精力充沛，满怀政治热情，人称“莫洛托夫[1]之眼”，或者索性称“莫洛之眼”。

黛丽亚与聂鲁达分道扬镳之后仅接受了一次媒体访谈。那时，聂鲁达刚刚获得诺贝尔奖，我代表《环球时事》杂志采访了她。谈到聂鲁达的政治信仰时，黛丽亚如是讲起曾与自己共度人生重要阶段的伴侣：

和巴勃罗在一起免不了谈政治。他很快察觉到，西班牙局势危险。我们也得知了第五纵队[2]的力量——他们虽然输了大选，却打了胜仗。那些日子里，巴勃罗每写好一首诗就拿给我读，还常常说我批评起来最无情了。一次，巴勃罗居然指着一句诗让我给他重写。我问他是不是疯了——我怎么能改他的诗呢！在马德里的日子可以说是荡气回肠：每时每刻都有狂轰滥炸，当局四处轰赶难民，但人们斗争的精神却没有被打倒。

① 即燃烧弹。

② 第五纵队的说法最早来自西班牙内战（1936—1939）。西班牙国民军将领埃米利奥·莫拉曾称其虽率领着四路纵队，但“第五纵队”——马德里城内的叛军支持者则会协助他毁灭西班牙共和国，后来海明威曾以此题材写出了小说《第五纵队》，现泛指内奸叛徒。

一天，我们在广场亲身经历了一场暴乱。电台刚宣布了空袭，全城都停电了。忽然，一扇窗户亮了起来。人群顿时沸腾了起来，好多人叫嚣着要宰了这个拿手电的，可他只是个无辜的人，不过是在自己家里摸索着走动罢了：人们对第五纵队不敢掉以轻心，但在打击这群叛徒的时候却又下不了狠心。

后来战乱以悲剧收场，国民军打败了共和政府。

我是哭着离开西班牙的，我不想那样丢下我的朋友们，心里难受极了。我和巴勃罗分道去法国，说好在巴黎团聚。法国作家协会让巴勃罗先在西班牙待一阵子，帮着筹办将在马德里举办的大会，鼓励美洲作家的参与。巴勃罗做着这份公益事业，薪水微薄但工作起来热情高涨，他很快就全身心投入到了大会准备工作中去，写了成千上万封信。我记得很清楚，智利的作家阿尔贝托·罗梅罗[①]也去了。罗梅罗年纪不小了，他的诚意让我们特别感动。全世界的作家都响应

① 阿尔贝托·罗梅罗（1896—1981），智利作家，作品题材多为圣地亚哥平民区人们的故事，是智利作家协会的创始人，于 1939 年担任智利作协主席，并主持举办了 1940 年智利第一届图书展。著作包括《米格尔·奥罗兹克的悲剧》《大杂院里的寡妇》等等。

了大会的号召，我就不一一罗列了：伊利亚·爱伦堡去了；他和他夫人都成了我俩的好朋友，爱伦堡还在那儿学了西班牙语。在战火纷飞的西班牙能参加这样一场大会，真让人激动不已。好多作家甚至直接从前线走来，手捧着战利品参加大会……

黛丽亚还回忆道：

共和军战败、弗朗哥夺权后，终于有一天，我们被告知必须离开西班牙。智利总统阿图罗·亚历山德里给巴勃罗撤了职。巴勃罗这之前还能靠作协的一点薪水过日子，结果只能回国。于是，我俩和劳尔·冈萨雷斯·图尼翁和夫人一起从法国坐货船回到了智利。

黛丽亚清楚记得，是这个时期让聂鲁达把他的组织才干发挥到极致：

这之后没多久，巴勃罗去墨西哥上任总领事一职。一个著名美国记者对在巴勃罗领导下的智利领事馆印象深刻：领事馆里挂着智利名流的相片，陈列着各种智利特产，所有人一进领事馆，就能领略到智利的样子。我们和各界的人们都有来往，领事馆里各种活动频繁不断。虽然巴勃罗是写诗的，但他的朋友圈子并不局限于文人和艺术家。巴勃罗总是不忘为智利的前途着想，他从来没有忽视与专家和技术人员的交流；除了诗人以外，聂鲁达最好的朋友是农艺师……

然而，政治的演变不为个人境遇所动。谈到列夫·托洛茨基[①]遇刺一事时，黛丽亚冷静、平淡地说：

那时巴勃罗还没入党，但他对正义已经有了一种不屈不挠的热爱。他是在很特殊的情况下放弃了他的外交生涯，也是他给了大卫·阿尔法罗·西凯罗斯[②]智利签证。

西凯罗斯当时涉嫌谋杀列夫·托洛茨基，但聂鲁达和黛丽亚对这事讳莫如深。

① 列夫·托洛茨基（1879—1940），俄国无产阶级革命家、十月革命直接领导人。1927年被共产国际撤销执行委员职务并开除党籍。1929年被逐出苏联，后定居墨西哥。1940年遭暗杀。

② 大卫·阿尔法罗·西凯罗斯（1896—1974），墨西哥著名壁画家，与迭戈·里维拉和何塞·克莱门特·奥罗兹克并称“墨西哥三大壁画家”。西凯罗斯是墨西哥共产党员，支持斯大林，参与了1940年对列夫·托洛茨基的暗杀未果后通过聂鲁达的帮助流亡智利。

西班牙内战中的智利身影

1936年，国际纵队撤退出了西班牙。五年前，西班牙国王阿方索八世退位，四万志愿兵自发组成了国际纵队——这是历史上到那时为止规模最大的团结动员，目的是捍卫西班牙共和国。1936年2月的选举中，西班牙人民阵线胜出，右翼势力却不接受结果，并发动了政变。与此同时，人民阵线政府释放了三万名囚犯，允许巴斯克地区和加泰罗尼亚地区自治，并拒绝用暴力解决罢工和土地占据问题。同年7月，弗朗西斯科·弗朗哥领导发动了政变。

历史总是出人意料——这点有共产国际的档案为证。通过查阅共产国际档案，莫斯科大学历史系教授奥丽嘉·乌里扬诺娃[1]在西班牙内战国际纵队的档案中找到了关于智利战士的档案。根据乌里扬诺娃的调查，有六十一位智利战士参加了西班牙内战。但她不明白的是，智利的历史对此只字未提。

乌里扬诺娃教授从事的文件恢复工作是在俄罗斯当代历史文献保管与研究中心完成的。研究中心原为马列研究所中央档案馆——该研究中心与克格勃档案无关，而是俄罗斯共产党的档案，存放在普希金大街尤里·多尔戈洛基[2]的骑马雕像后的大楼里。

毫无疑问的是，国际纵队中的智利战士是我国历史上最鲜为人知的秘密，但当时国内档案中却完全没有痕迹。我们禁不住想问，聂鲁达在担任驻西班牙领事的时候是否知道这情况？黛丽亚又了解多少呢？

令乌里扬诺娃教授费解的是，智利竟对本国志愿兵参与西班牙内战的事情守口如瓶；而事到如今，也没有任何国

① 奥丽嘉·乌里扬诺娃（出生年月不详），智利籍俄国史学家，主要研究当代史，包括冷战、智利和国际共产主义运动，目前担任智利大学高等学院院长。

② 尤里·多尔戈洛基（1099—1157），莫斯科城市的奠基者。

内政党要求国际纵队披露智利战士的信息。比起其他国家对参与国际纵队本国志愿兵的敬重——就像美国的林肯纵队和德国的台尔曼纵队——智利的态度简直骇人听闻。

当年，世界各地勇于捍卫西班牙共和事业的年轻小伙子们拥入西班牙，包括一万法国人、上千俄国人，其中有两千海军士兵；此外还有南斯拉夫人、波兰人、斯洛伐克人、捷克人、意大利人、爱尔兰人、英国人和美国人；战后，他们之中有些人辗转到了中国，并为建立新中国抛头颅洒热血。来自拉美的志愿兵不过几百人，主要是阿根廷人和古巴人。战事开展很久后才得知，曾有二十五位智利人参战，但这仅是国际纵队撤退后要求被遣送回国的智利志愿兵人数。

安德烈·马地[①]对智利志愿军半点好感也没有——海明威在《丧钟为谁而鸣》中刻画了这位法国将领的形象。智利志愿兵档案创立的时候，共和军已节节败退，国际志愿兵的士气低落，并受到弗朗哥军队的追杀，甚至有的已经被抓进了圣彼得罗德卡德尼亚的集中营里。档案里提到，阴森的

① 安德烈·马地（1886—1956），法国海军军官、共产党主席，曾受到共产国际指示负责组建国际纵队。

政治委员马地是克顿上校（也许是苏联的少校，但不得而知）的秘书，提到智利士兵时曾表态说“不要给军事资质不过硬的外国军官特殊待遇”。值得一提的是，档案中提到的二十五个智利人中，十几位都是各个部队的军官，甚至还有一位飞行员——这在当年没有空军的西班牙是件了不起的事。按照档案里所描述的，所有人都训练有素，严守纪律，尽职尽责。除了一位因为晚上出门活动、因有家室和襁褓中的婴儿而不在军营露面的士兵被戏称为“无政府主义者”，其他战士的行为举止都无可挑剔。

但对于蛮横的马地政委来说，这些智利人“从没在现代战争中磨炼过，没有受过理论上的指导，而且政治化太严重——简直跟政客一个德行”。马地亲笔警告档案读者：“本着谨慎的态度，我拒绝接受任何智利志愿兵加入国际纵队的申请，除非能证明申请人的确经验丰富。”

委内瑞拉史学家马努埃尔·卡瓦列罗曾把智利共产党称为“被共产国际嫌弃的孩子”；但是，智利志愿兵仅是因为党派而被遗忘在历史长河这一观点显然站不住脚——参与西班牙内战的不光有共产党人，还有社会党人和无党派人士，但却没有任何智利的党派提到这些志愿者的参战。我们不禁要问，智利志愿兵里大多数人的遭遇如何？是完全被大部队抛弃了吗？是全军覆没了，还是被第二次世界大战的战火吞灭了？他们在加入为西班牙共和国事业宣誓时说了些什么？承诺不结婚，不生儿育女吗？承诺在逆境中也不要求帮助和救援吗？难道是出于忠诚，让他们宁死也不肯吐露他们曾经英勇承诺要恪守的秘密吗？为什么他们之中没有一个人能够登上“温尼伯号”？决定这些智利志愿兵命运的依据，真就是“谨慎”和“政治化”吗？难道马地表态“一个也不接受”意味着就可以把他们从回忆中，从历史中抹杀吗？

在这些智利勇士们亲手填写的申请表中，他们连祖籍、家庭成员、朋友姓名、所就读过的院校和高等教育中心都要上报，还有参加过的工会和工人组织中所扮演过的角色。但我们并无法通过资料表了解这些智利勇士的一切，因为这些表格是国际纵队解散后才填写的。那么，一共有多少智利人参与了这场战争？有多少勇士呐喊着“别让法西斯通过”倒下？

根据乌里扬诺娃教授通过查阅其他资料开展的进一步研

究，她得到的结论是："与西班牙共和军并肩作战的智利战士，姓名记录在案的共有七十一位：其中，大约一半是专业从军人员，都是智利共产党、社会党的将领，是直接前往西班牙参战的，其余是西班牙人在智利的后裔和旅居海外的智利人。总体来说，相对拉美其他国家派遣的志愿兵，智利的志愿兵经验相当丰富。由于西班牙内战在全球，尤其是智利左派人士集体回忆中的重要性，智利左翼对这一历史记忆、对其盟友在这象征意义深远的战斗中的经历缄口不言，实在是出人意料。"

丰富的史料还带给我们一个出乎意料的发现：比森特·维多夫罗[①]的名字竟出现在斯大林批准的、为支持西班牙共和事业而举行的国际反法西斯知识分子代表大会与会人员名单上。智利文学评论家赛多米尔·戈伊克在《比森特·维多夫罗诗集》中也提到，维多夫罗曾在1936年加入了人民阵线，"并于同年前往西班牙，积极投身到内战之中"。史料之中还有维多夫罗和阿卡里奥·科塔普斯[②]两人穿着蓝军装的照片，但这却是有误导性的。确凿的史实证明，维多夫罗并没有参与西班牙内战。

① 比森特·维多夫罗（1893—1948），智利诗人，智利前卫艺术的推崇者，"创造主义"诗歌运动的领导人，诗集包括《水的镜子》《北极的诗》《逆风》等。

② 阿卡里奥·科塔普斯（1889—1969），智利作曲家。

一次，我们向何塞·卡尔沃博士问起此事。卡尔沃曾是克拉拉·罗莎·奥特罗①的前夫，后又与格拉西艾拉·阿尔瓦雷斯结为连理。他在智利反法西斯委员会中扮演了重要的角色，也对智利参加西班牙内战的情况了如指掌。他断定，维多夫罗和科塔普斯两人并没有参加西班牙内战。科尔沃还强调说，西班牙的反法西斯斗争的确在智利军人间中激起了很大反响，国内的知识分子也围绕着反法西斯斗争而团结了起来，形成了“知识分子联盟”。驻西班牙的战地记者胡文西奥·瓦耶②、大力参与西班牙反法西斯斗争的黛丽亚本人和当时的海关督察雷奥波多·祖尔耶维奇也证实了这一点。

我们写信询问曾由于为共和事业做贡献而受到西班牙政府嘉奖的诗人阿尔贝托·巴埃萨·福洛雷斯。福洛雷斯回信说，维多夫罗是坚定的共和主义拥护者，但并未参战，而不论是在政治学家、间谍，还是智利共产党领袖的回忆录和其他著作之中，都没有出现过关于维多夫罗参战的线索。

---

① 克拉拉·罗莎·奥特罗（生卒年不详），曾任委内瑞拉驻智利文化参赞，组织了第一届“业余话剧节”，并改编、指导、撰写了七十余部话剧，1991年获得“安德烈斯·贝佑一等勋章”。

② 胡文西奥·瓦耶（1900—1999），智利诗人，聂鲁达在老家特木科上学时的同窗。诗歌创作受到西班牙黄金时代影响，1966年获得智利国家文学奖。

《伊瓦涅斯独裁时代和工会》（豪尔赫·罗哈斯著，1993年出版，现收藏于智利国家图书馆档案系统中）、《为共和事业的斗争：平民武装部队1932—1936》（维罗妮卡·瓦尔迪维亚·奥提斯·德萨拉特著，1992年出版，现收藏在智利国家图书馆档案系统中）等书仅提到了西班牙内战的时代背景和社会环境，来帮助读者理解智利志愿兵远赴西班牙抗争法西斯主义的动机：包括国内民众运动的崛起、短命的“智利社会主义共和国”的意义、军队的民主化和其面临的阻力、国内对法西斯主义的深恶痛绝，以及号召团结西班牙共和军共同打击法西斯主义的大动员。相反的是，政治学家、《信使报》[①]情报专家胡拉赫·多米奇在著作《智利共产党军事政策》中丝毫没有提到智利志愿兵远征西班牙的原因。

那时，内部分裂已削弱了共和军的力量。1937年5月，数起共和军内部暴力纠纷在巴塞罗那爆发。无政府主义者和托洛茨基拥护者反目成仇，有些共和军在模拟演练中被斩首，有的直接被暗杀，比如马克思主义统一工人党的最高领

①《信使报》是智利发行量最大的报纸，前身为1827年创立的《瓦尔帕莱索信使报》，1880年起由爱德华兹家族控制，曾在60—70年代之间在美国中情局资助下散布反共言论，并通过影响民意奠定了智利1973年9月11日政变的基础（皮诺切特率军发动政变并轰炸总统府，社会党总统阿连德用卡斯特罗赠送的手枪自尽）。

袖安德烈·宁。拉尔戈·卡瓦列罗[1]被赶下台，胡安·内格林出任一国元首。对无政府主义的镇压打击了人民运动的热情。最终，国际纵队的支援也抵不过纳粹和法西斯的势力。1938 年 6 月，苏联切断对内格林援助几个月后，国际纵队撤出了西班牙。六个月后，巴塞罗那陷落；八个月后，马德里陷落。

① 拉尔戈·卡瓦列罗（1869—1946），西班牙政治家，西班牙工人社会党、西班牙工人总工会领袖之一。1936—1937 年西班牙内战期间任西班牙第二共和国总理，人称“西班牙的列宁”。

蒂娜·莫多蒂

在反法西斯斗争的鼓舞下，聂鲁达义无反顾地成为了人民的代言人，诗人这一时期的作品也因为他的政治信念而有了更强的艺术感染力，如《第三个居所》中受战争启发而作的《献给斯大林格勒的情歌》和充满古典美的诗《献给斯大林格勒的新情歌》。除此之外，聂鲁达还用行动证明自己身为共产国际的活跃分子：蒂娜·莫多蒂死后，聂鲁达在各大报纸头版发表了《蒂娜·莫多蒂已死》，让所有针对女革命家的流言蜚语哑然失声。

蒂娜·莫多蒂原来是摄影家。她出生于意大利乌迪内市一个贫苦人家，少时曾在意大利和奥地利的纺织厂做童工，后来追随父亲移居美国。在新大陆，莫多蒂继续操起了老本行，当了裁缝，又和一名叫鲁贝·德拉布列·里奇的美国诗人成了家（后来他在墨西哥患了天花一命呜呼），凭着富有异国风情的容貌在好莱坞演了几部电影。莫多蒂才华横溢，除了母语意大利语以外，还熟练掌握德语、英语、西班牙语和法语。莫多蒂结识了摄影家爱德华·韦斯顿，很快成为了他的学生和模特，之后一同私奔到墨西哥。值得一提的是，墨西哥壁画家迭戈·里维拉认为，韦斯顿在艺术上的造诣比马塞尔·杜尚更胜一筹。蒂娜也曾给里维拉作品、查平戈礼拜堂壁画创作和韦斯顿的摄影作品当过模特。在韦斯顿的作品中，莫多蒂一丝不挂地静静躺着，雪白的皮肤、乌黑浓密的头发和一双黑眼睛形成了鲜明的对比。和韦斯顿分开后，莫多蒂和壁画家、版画家哈维尔·盖雷罗走到了一起——西凯罗斯给智利南方小城奇廉市的墨西哥学校所作的壁画中也有他的身影。后来，盖雷罗去了莫斯科国际列宁学校，蒂娜留在了墨西哥，加入了国际红色救援会[①]美洲反帝国主义联盟旗下的“法西斯受害者捍卫委员会”。萨科和范赛蒂案件[②]爆发后，莫多蒂走上街头抗议。

---

① 国际红色救援会全名为“国际革命运动牺牲者救援会”，是1922年在共产国际领导下成立的国际革命者救援组织。

② 萨科和范赛蒂案件是美国在二十世纪二十年代镇压工人运动中制造的一桩假案。萨科和范赛蒂两人都是意大利移民，是著名无政府主义杂志《颠覆者纪事报》的撰稿人、捐助者和无政府主义激进分子，被误判有罪并用电椅处死。充满政治偏见的审判引发了艺术家、作家和学术界的谴责，也成了美国司法史上最声名狼藉的案件。

那时，莫多蒂已经是名声远扬的摄影师，她举办的展览获得巨大的成功，世界各地的杂志、画册和革命期刊都邀请她撰稿。在当街接吻被视为伤风败俗、被判罚款的墨西哥，莫多蒂仍不改崇尚自由、特立独行的本性。在墨西哥，莫多蒂结识了艺术家、战士，和法拉本多·马蒂[①]成了朋友，请求桑地诺[②]将军批准她去总指挥部所在的赛格威亚地区，但桑地诺劝阻她，说在尼加拉瓜委员会的工作更重要。莫多蒂在共产主义刊物《镰刀日报》报社工作时结识了流亡中的古巴共产党创始人之一胡里奥·安东尼奥·梅里亚，两人坠入爱河后同居了短短四个月，梅里亚就被格拉多·马查多[③]的手下人枪杀，在莫多蒂的怀抱中咽了气。墨西哥警察试图让莫多蒂背黑锅，说梅里亚是因为莫多蒂出轨而为情而死。警方曝光了蒂娜的摄影作品，包括她作为裸模的摄影作品和梅里亚的裸照，大肆嘲讽她的身材、她的几段情史，又污蔑她，说她参与了针对前不久刚当选的总统的暗杀行

① 法拉本多·马蒂（1893—1932），萨尔瓦多的马列主义政治家，1932 年领导农民起义被捕，三万土著农民被屠杀。

② 奥古斯托·桑地诺（1895—1934），尼加拉瓜反美军侵占国土的游击队领导人，人称“自由人的将军”。二十世纪六十年代尼加拉瓜人民反对索摩查独裁也以他的名字命名为“桑地诺运动”。

③ 格拉多·马查多（1871—1939），古巴独立战争（1895—1898）中的英雄，后来成为独裁者和古巴共和国的第五任总统（1925—1933），人称“加勒比海地区的墨索里尼”，被推翻后流亡美国而死。

动，戏称她为“共产国际的玛塔·哈丽[1]”、“堕落、危险的女人”，并下令把她驱逐出境。莫多蒂与维托里奥·维达莱一同离开了墨西哥，告别了自己的艺术生涯，转而做起共产国际的职员。莫多蒂是苏联驻墨西哥大使亚历珊德拉·柯伦泰的朋友，是个对爱有着乌托邦般信仰并将其付诸实践的奇女子。莫多蒂先后驻扎柏林和莫斯科，成了国际红色救援会的活跃分子，在德国、匈牙利、捷克斯洛伐克、波罗的海国家、西班牙、法国和苏联完成各种使命。

维托里奥·维达莱远非尽人皆知，但“第五军团少校”的名字仍在保罗·罗伯逊[2]的歌曲里和智利最南端、蓬塔阿雷纳斯市的学生和工人歌谣中传颂。维托里奥·维达莱又名维托里奥·维达利、艾内亚·索门提、卡洛斯·康特雷拉斯，他的名字总是和莫多蒂紧紧联系在一起。两人在莫斯科相识后曾一同前往西班牙参与内战，后来又共同流亡到了墨西哥。莫多蒂深爱着维达莱，而共同的祖国、语言和事业也

---

① 玛塔·哈丽（1876—1917），著名间谍。荷兰人玛嘉蕾莎·吉尔特鲁伊达·泽利的艺名，第一次世界大战期间法国巴黎当红的脱衣舞女，周旋在法德两国之间的“美女双料间谍”，被指控窃取情报造成5万名法国士兵丧生后被以叛国罪处决。

② 保罗·罗伯逊（1898—1976），美国著名黑人男低音歌手，他通过歌曲表达反对种族歧视、呼唤自由与正义，曾在反法西斯战争中用中英文演唱《义勇军进行曲》，一时传为佳话。

让在异国漂游的两人更加亲密。维达莱是个反叛权威的人，他直率、出言粗俗，贪图享受，对文学艺术一窍不通，却是共产国际最成功的活动家之一。由于他的一些负面言论，苏联决定不派他和莫多蒂访华加入理查·佐尔格（曾告诫斯大林德国进攻计划却不被重视）的团队。这一重大任务是伏罗希洛夫委托的，但国际红色救援会以维达莱与斯大林政策不合为由反对，于是两人转而前往西班牙。维达莱组织了阿斯图里亚斯地区的大罢工，并成为了西班牙内战中的关键人物。莫多蒂当起了护士，同时担任起政治组织工作，也成为了瓦伦西亚作家保卫文化国际大会中的重要成员。

《第三个居所》中的《蒂娜·莫多蒂已死》是一首饱含深情的诗歌。多年以后，聂鲁达在《我坦言我曾历尽沧桑》中写道，“我想要追忆起蒂娜·莫多蒂的时候，总像想抓一把雾霭那样费力。易碎，几乎无形……[①]”

在聂鲁达的笔下，莫多蒂“依然俏丽动人”。迭戈·里维拉曾在他的一幅壁画里留下她的容颜。莫多蒂曾在苏联卷进了社会主义创造的不可抑制的律动中，把自己的照相

① 译文引自《我坦言我曾历尽沧桑》，林光译，南海出版公司，2015 年。

机扔进莫斯科河，发誓把自己的一生献给共产党最平凡的工作。

事实上，莫多蒂并没把照相机扔进河里，而是在基洛夫被暗杀、“大清洗”狂潮席卷全国后经历了幻灭，幻灭以她 1934 年参与的自我批评而告终。按规定，自我批评必须在共产国际组成的审判下进行，审判人员包括高层领导人、委员会主任、安全代表、内务人民委员和数位法官。莫多蒂被迫在这些人面前接受关于其生活的事无巨细的审问，就像她已在墨西哥法官那里遭遇的审判一样。受审之后的莫多蒂与自己以前的生活一刀两断，开始热切地支持斯大林。她学会了沉默、掩饰、自我牺牲，从而全身心投入打字员、翻译和活动家的新角色中。西班牙内战爆发后，她又作为护士支援前线；也是在这个时期，她和聂鲁达、黛丽亚成为了朋友。

莫多蒂最后一次流亡是在借着化名玛利亚·桑切斯的掩护下进行的。那时的护士莫多蒂经历了西班牙共和军的败退，得知了《苏德互不侵犯条约》签订的消息——对她来说，那是背叛，是致命的一击。

莫多蒂和维达莱决定前往墨西哥，和将要赴墨出任领事的聂鲁达约好届时重聚。

1942 年 1 月的一天晚上，莫多蒂探望完包豪斯建筑师汉斯·迈耶乘出租车回家。路上，莫多蒂心脏病突发而死，年仅四十六岁。墨西哥媒体趁机把莫多蒂的一生都抖搂了出来：1930 年因为搞政治活动和“行为放荡”被驱逐出境，就连维达莱也成了她死案的嫌疑犯。有的媒体扬言，“莫多蒂知道得太多，不得不灭口”。莫多蒂的名声被一浪接一浪的谣言打得狼藉不堪。莫多蒂死后第二天，聂鲁达就在各大墨西哥媒体发表了一首纪念她的诗，媒体立即哑口无言。

除了《蒂娜·莫多蒂已死》之外，《第三个居所》还收录了充满美洲特色的诗作，比如《献给玻利瓦尔的一支歌》。我在委内瑞拉生活的时候曾亲身感受过这首诗预言般的力量——那时正逢美洲解放者玻利瓦尔二百周年诞辰纪念。委内瑞拉有个搞玻利瓦尔个人崇拜的派系，政府并不赞成。该派系是一种地下宗教性质，成员坚信西蒙·玻利瓦尔会重生，并将美洲大陆从邪恶的魔爪中拯救出来，就像聂鲁达诗中所说的一样：“你每一百年醒来一次，唤醒人民。”

参政之路

组织了宏伟的“温尼伯号”计划后，聂鲁达回到了智利，并以前所未有的热情投身到国内的政治和社会运动中——这热情即使是竞选过总统的比森特·维多夫罗也望尘莫及。

1937 年 10 月，聂鲁达从西班牙回到了智利。同年 11 月，聂鲁达组建了知识分子保卫文化联盟（1937—1940），但后来在日渐嚣张的法西斯势力威胁下不得不解散。联盟的包容性吸引了作家、艺术家和不同思想派别的专业人士，包括阿尔贝托·罗梅罗、罗莎梅尔·德尔瓦耶和本哈敏·苏博卡索[1]，聂鲁达还请来了塞尔吉奥·拉腊因·加西

① 本哈敏·苏博卡索（1902—1973），智利作家、1963 年全国文学奖获得者，著有《苦海》《雨之子》《非人的人类史》等。

亚－莫雷诺——著名的智利建筑家。虽然拉腊因是虔诚的天主教徒，但在他看来，当时只有左派人士意识到了法西斯主义威胁迫在眉睫，于是应邀参加了。不久，聂鲁达又和三个德国共产党员组建了一个小队，专门截收德国电台的信号。聂鲁达还联系了英国使馆，加入了英国情报队伍。三十年以后，英国女王伊莎贝尔二世访问智利的时候，还给聂鲁达颁发了奖章[①]。

聂鲁达成功当选参议员的时候刚刚四十岁出头。那是1945年的3月，聂鲁达当选智利北部塔拉帕卡和安托法加斯塔两省的参议员。这两个地区是智利著名的矿区，是工会的摇篮和工人运动发展壮大的地方。在这里，诗人和群众之间产生共鸣，双方都在对方的行动和信念中看到了自己。群众对聂鲁达的拥护有目共睹：诗人曾走遍矿业公司办公室、工人的营地，踏遍了智利北端的沙漠、矿区，重申他的政治承诺。诗人不但为当地居民朗诵了诗歌、发表了演讲，还倾听了硝石矿工人、铜矿工人的心声，了解了矿业生产和工会的要求。四个月后，聂鲁达正式加入了智利共产党，虽然诗

① 塞尔吉奥·拉腊因·加西亚－莫雷诺曾在《形状与空间大师》的电视艺术节目上证实。

人在这之前已经是事实意义上的共产党人了。聂鲁达党员证的隆重公开递交仪式也成了政治行为的典范。

值得一提的是，聂鲁达一生中的大事记都是通过公开仪式庆祝，常有艺术家的表演和公众的踊跃参与——这也是因为，聂鲁达不但是艺术家，还是公民和社会活跃分子，他的作为也有着楷模的力量。聂鲁达广泛宣传的入党仪式，不过是履行其决策的必要礼仪，而他的共产主义信仰已在之前多次通过行动证明。事实上，聂鲁达在西班牙时的行动俨然是共产党人的作风——作为高层的领事，他通过路易·阿拉贡和艾尔莎·特里奥莱夫妇与共产国际有了联系（不管诗人有没有意识到这点）。阿拉贡夫妇二人不仅仅把聂鲁达作为老朋友黛丽亚的伴侣纳入了自己的朋友圈，也很欣赏他为西班牙共和事业而开展的、意义重大的活动。

1946年，激进党总统候选人，加夫列尔·冈萨雷斯·魏地拉邀请聂鲁达加入自己的竞选活动。那时，左派政党组成的联盟支持魏地拉，聂鲁达也满腔热情地帮助他游说。可好景不长，当选后的魏地拉开始凶猛地攻击共产党的信念，自封冷战时期的“克里奥尔人元首”，并颁布《保卫民主法》，也就是智利人常说的“该死的法律”。

起初，智利参议院不但允许聂鲁达表达他对共产党的拥护，也给了他与萨尔瓦多·阿连德医生结下友谊的机会。那时，他俩谁也没有意识到，自己的名字将与智利的历史紧紧联系在一起。不久，聂鲁达的参议员生涯出现了转折点。1947 年 10 月，洛塔村的矿工抗议遭到暴力镇压，被捕的工友被关押在一个海岛上的军事监狱和皮萨瓜市的集中营里。聂鲁达的参议员生涯不久后便戛然而止，导火索是他发表的演讲。诗人称他曾遭暗杀威胁，但演讲中更致命的是他对当局的谴责。

有纵火分子出没。

昨晚，有人试图烧掉我家房子，大火烧掉了家里大门的一部分。我的电话受政府监听，因此我没法叫警察，不过就算能叫了也无济于事。

我呕心沥血才建起了这个家。如果它被烧毁了，我唯一心疼的就是我收藏的旧书和艺术品——这都是我很久以来就决定有朝一日捐给智利各大博物馆的……假如这次袭击得逞，那就算我和家人能够活着逃出去，我也不会诉诸法律。我只会在我的藏书的灰烬上留下一个牌子，上面用大字写着“冈萨雷斯·魏地拉总统领导下的民主范例”。

聂鲁达对魏地拉义愤填膺的谴责在他1948年1月6日在参议院发表的题为《我控诉》的演讲中表达得淋漓尽致。演讲中，聂鲁达还提到了被关押在监狱和集中营里的矿工和家属的姓名。

聂鲁达在参议院发表的演讲证实，诗人曾深入地研究过智利的经济和社会现实，也探查了不公平现象和人民的苦衷——聂鲁达甚至说过，他在印度见过的“承受了千年悲惨命运”的人们的痛苦也不及智利煤矿产区科洛内尔矿工的悲苦。聂鲁达的演说中提到了工人阶层的境遇，和企业家迫使码头工人忍受食不果腹的薪水而提出的可憎托词。聂鲁达走遍了智利南北，话语中流露出他对五花八门的话题都了如指掌：他从给学校老师和民警加薪，谈到使馆武官经费问题，还不忘提到妇女投票权一事。1945年11月20日，加夫列

聂鲁达化装骑马流亡途中，阿根廷圣马丁德洛斯安第斯，1949 年。
出处：智利国家图书馆作家档案

拉·米斯特拉尔获得诺贝尔奖时，聂鲁达向她致敬，把她唤作“我们的船长，从人民肺腑中走出的女人”。聂鲁达说米斯特拉尔的诗“饱含一种富有生命力的悲悯，但既不叛逆，又不教条，而是达到了施舍型慈善所不可企及的高度”。

发表《我控诉》演说后，聂鲁达被取消了出席参议院会议的权利并遭到迫害。诗人不得不再次走上流亡的道路，却因流亡成了智利历史上最重要的政治家和知识分子之一，就像他之前的弗朗西斯科·毕尔巴鄂[①]和1851年革命后的圣地亚哥·阿克斯[②]。

聂鲁达被迫流亡国外的四年为诗人赢得了国际声望，因此也成了共产国际运动中的第一位诗人。聂鲁达在欧洲的流亡经历独一无二——诗人拥有参议长阿图罗·亚历山德里的出国许可，从而保住了他在国会的职位，就算在国外任何一个地方受审也能以智利参议员的身份出庭。

---

① 弗朗西斯科·毕尔巴鄂（1823—1865），智利自由主义哲学家、作家、政治家，人称“自由的使徒”。

② 圣地亚哥·阿克斯（1822—1874），智利自由主义政治家、散文家，曾受到法国1848年革命启发与弗朗西斯科·毕尔巴鄂共同创立了“智利平等协会”，旨在废除保守强权政权的统治。

土著的，就是智利的

聂鲁达一生中鲜为人知的一点是他生前——甚至死后继续以间接方式——由于捍卫原住民权利而遭到的迫害。聂鲁达基金会曾禁止诗人和智利作家海梅·瓦尔迪维索·博达利在合著的散文集中发表《作为文化抵抗的马普切诗歌》（以下简称《抵抗》）一文，并把瓦尔迪维索从编委会中除名。《抵抗》一文的灵感和内容主要源于与马普切诗人艾力库拉·奇外拉夫的对话；但在智利，这种谈原住民色变的审查——甚至可以说是种族隔离——并不是什么新鲜事。聂鲁达在墨西哥担任总领事期间曾办过一本叫作《阿劳卡尼亚[1]》的文化杂志，封面是一个美丽的马普切女子的脸庞，

[1] 阿劳卡尼亚大区位于智利比奥比奥河南部，历史上是马普切人的领土，直到1880年（智利独立七十年后）才正式纳入智利国土。

结果惹怒了当时的外交部，下令他“要不给杂志改名，要不停办——反正智利可不是什么印第安人的国家”。

艾力库拉把聂鲁达的诗翻译成了马普切语，还出版了双语的《诗歌集 /Ti Kom Ul：巴勃罗·聂鲁达诗歌选集》。Ti Kom Ul 代表着聂鲁达的诗第一次被译成马普切语：选集收录了四十四首聂鲁达的诗，有西班牙语原文和马普切语对照，并配有十四幅桑托斯·查韦斯[①]的木版画，由智利南洋杉出版社出版。但这本双语诗集的意义不仅仅是译文的优美和贴切——艾力库拉的翻译就像皮耶·莫纳德[②]那样，把聂鲁达诗中能与马普切人心理产生共鸣的部分提炼、翻译了出来，并使它和聂鲁达诗中的欧洲元素水乳交融。艾力库拉告诉我们，他为了选择最适合的语调和格律，曾请教了父亲和研究聂鲁达诗歌主题的专家。马普切语是长辈教给儿童星辰、树木、花草名字的美丽语言，讲述动物习性和鸟儿歌唱的语言，叙述马普切神话传说、英雄事业的语言；艾力库拉

① 桑托斯·查韦斯（1934—2001），智利马普切版画家，作品多表现故乡的风土人情，美国纽约现代艺术博物馆等均收藏了其作品。

②“皮耶·莫纳德”典故出于阿根廷作家博尔赫斯小说集《虚构集》中的故事《皮耶·莫纳德：吉诃德的作者》。故事以文学评论的形式探讨了法国作家“皮耶·莫纳德”为翻译《堂吉诃德》而把自己想象成“三十年代的塞万提斯”而“重新创作”了该名著的某些章节。此典故经常用来讨论创作、挪用和翻译的本质。

用这凝聚祖先智慧的语言说："这就是我写作的原因——我不只是我自己，而代表着我们祖先口口相传的记忆。我写诗，因为诗就是生活。"

我们在"Zugutrawun[①]——第一次马普切作家和智利作家对话"上认识了艾力库拉·奇外拉夫·纳维尔潘。大会在艾力库拉和海梅·瓦尔迪维索共同倡导、"国家图书和普及阅读理事会"的赞助下在特木科举行。那是1994年的隆冬，三十多位马普切作家（大部分是诗人）出席了会议，而代表智利出席的作家也不乏大名鼎鼎的诗人、散文家——尼卡诺尔·帕拉[②]、豪尔赫·特里耶尔[③]、阿曼多·乌里韦[④]等等。艾力库拉展现出了他收放自如的领导才能，时时不忘会议的交流目的而不为自己沽名钓誉；他稳重而有尊严，不迎合任何人，对分歧持尊重态度。

---

① Zugutrawun在马普切语里的意思是"词语的会议"。

② 尼卡诺尔·帕拉（1941— ），智利继聂鲁达以来最有名的诗人，"反诗歌"的创始人，使用幽默手法与经典范式决裂，语言平实，意象拙朴。2011年荣获塞万提斯文学奖。

③ 豪尔赫·特里耶尔（1935—1996），智利"50年代诗人"中的一员，"拉尔诗歌"的创始人和倡导者。拉尔本为罗马宗教的保护神，特里耶尔主张诗歌创作的主要目的不是追求美而是缔造神话，讲究诗歌要源于生活但高于生活。

④ 阿曼多·乌里韦（1933— ），智利诗人、散文家、矿业法律师，为"文学界50年代"中的一员，著有诗集《苍白的过客》、散文集《深陷危机的文学评论》等，2004年获智利国家文学奖。

聂鲁达与马蒂尔德和智利诗人朋友豪尔赫·特里耶尔在一起（坐在桌右侧者），
智利特木科，1971 年（豪尔赫·阿拉维纳·雅安卡摄影）。
出处：智利国家图书馆作家档案

1997年，艾力库拉组织举办了美洲原住民语言作家工作坊，并当选该组织的秘书长，任期到2000年。艾力库拉游历了多个国家表达自己的想法，用马普切语朗诵了他的诗歌，用西班牙语作为把它翻译成其他原住民语言的媒介。艾力库拉的诗歌传播工作不乏优雅、坚毅和谦恭，在瑞士、意大利、荷兰、法国、古巴、墨西哥、哥斯达黎加、尼加拉瓜和哥伦比亚都广受好评。

艾力库拉回到特木科后，我们决定拜访作家本人。艾力库拉带我们走访了维特兰街的米亚莱马普切居住区，并在爱称为“冷芽之月”的家里和妻儿一同迎接我们。诗人的妻子叫贝蒂·奇拉凯奥，夫妻育有三女一子——劳拉·马琳、加夫列拉·米拉莱、克劳迪娅·塔姆蕾和小冈萨罗。我们到的时候小冈萨罗正在院子里踢着皮球，样子十分顽皮活泼。那天，门外淅淅沥沥地下着雨，贝蒂端着热茶，拿出马普切人的传统南瓜炸饼和亲手制作、香甜细腻的智利番樱桃羹招待我们。诗人家弥漫着幸福的气息。说笑之间，艾力库拉开始为我们讲述他的生活和创作。

艾力库拉本是个沉默寡言但彬彬有礼的人，生性不爱喧嚣热闹，但不经意中又幽默横生。诗人说，每当听到飞机发动机的轰鸣，就有一种本能的冲动让他不由自主地跑出门到院子里，有时甚至把上衣脱下来挥舞着向飞机致意。贝蒂证实这一点时会意地笑了。艾力库拉人称“马普切技术达人”，因为诗人很早以来就开始用传真、用电脑。艾力库拉并不排斥这个绰号，而总是紧跟技术发展的脚步来保持与世界各地人们的沟通。诗人说，他相信没有任何技术、程序或者学科能够改变人类的心灵和头脑，但它们却能给交流沟通带来巨大的方便。

诗人的名字有个神奇的含义：“艾力库拉”在马普切语里的意思是“透明的石头”。就像诗人所说的那样，一块石头必须通过打磨雕琢才能变得晶莹剔透。诗人的姓“奇外拉夫”的含义也极富诗意——意为湖上的薄雾；诗人的母姓[①]纳维尔潘的意思则是美洲狮——美洲原住民文化中无处不在的猫科动物。

“我本来是想学哲学或者兽医学的，”艾力库拉说，“我当时被智利大学哲学系录取了，但是后来因为我父亲被捕、

① 西语国家命名惯例，即名字·父姓·母姓。

弟兄流亡国外而不得不退学。后来我进了康赛普西翁大学读产科，以为这样就可以回到我们马普切人的群体里，为我的母亲、我的人民服务或者去医院当妇产医生。我那时对妇产医生的工作并不了解，只是觉得我能通过一个新的职业——包括它的新奇、它的痛楚——能成为一个有用的人。我和我所有兄弟姐妹都是在邻居的帮助下被接生的，所以我相信我们马普切人需要妇产医生的帮助。毕业以后我花了一年半的时间找工作，但一直没什么好机会。后来，我和妻子回到乡下。我开始写诗，也开始给所有的诗歌比赛投稿。我第一次获奖是因为参加了圣玛利亚大学的‘阿波里奈杯’诗歌竞赛。”

艾力库拉 1952 年出生在特木科市内城区的凯车乐维，父亲是一位五十年代很出名的马普切领袖，爷爷是个酋长。艾力库拉的作品包括《在回忆的国度》(1988)、《冬日、冬景和其他蓝色的诗》(另类文学出版社，1988)、《马普切诗歌选集》(部分诗歌于 1992 年在智利作家协会杂志上发表过)。

艾力库拉的诗集《蓝梦与反梦之间》获得了“智利图书和普及阅读协会”颁发的 1994 年“最佳文学作品奖”，

1995年由智利高等教育出版社出版，1997年获得圣地亚哥市政府文学奖。艾力库拉所有的作品都以双语——西班牙语和马普切语对照出版。“马普”的意思是“土地”，“切”的意思是人，合起来——“马普切”（单复数同形）的意思就是土地的儿女。

自古以来，马普切祖孙之间有种代代相传的口头文学——艾力库拉把它叫作oralitura（oral：口头，literatura：文学）；这是一种非常深厚的传统。在马普切人看来，书本是一种外在的、可有可无的事物，所以口头文学的目的并不是编写成书；在艾力库拉看来，书本则是为了让外界了解认识马普切人、让马普切人接触其他文化所必需的。艾力库拉认为，人类最重要的追求，是建设一个所有文化共存共荣的世界；此外，口头文学也不再是传承民族记忆的最佳方式。通过写书，艾力库拉也想帮助马普切同胞间相互认识——因为绝大部分马普切人住在圣地亚哥而不是智利南方。另外，马普切人也是世界公民；为了保存并传承他们视为根基的文化，写书出书也是不可避免的使命和当务之急。

另一方面，艾力库拉还反思了仍然生活在祖辈土地上的马普切人的处境：他们所有为了维持文化习俗和祖先世界观的努力不过是杯水车薪，而马普切人还是无法逃脱被视为旅游景点中的人物元素或人类学研究活标本的遭遇。

我问艾力库拉，他可曾想过把西班牙人阿隆索·德埃尔西利亚写的马普切史诗《阿劳卡纳》翻译成本族语言。艾力库拉说他读过《阿劳卡纳》，也非常赞赏诗的艺术水平、它对一个民族不屈不挠精神的诠释和对富饶丰美的智利南方土地的描写；但在翻译这首诗之前，他想先翻译加夫列拉·米斯特拉尔的作品。艾力库拉那时正筹划一本叫作《蓝月之梦》的诗集。在马普切文化中，蓝色总是和故乡紧紧联系在一起；根据马普切传说，第一位盘古开天者从蓝色的东方走来。主宰马普切人的、全能的神灵——艮奈辰住在那蓝色的东方，前来入驻马普切人的心灵：

醉在蓝色中
我从那神圣的客栈旁
层层绿意中走来

（《林中漫步》）

艾力库拉的诗歌也体现了他的公民身份。诗人讲到，一次曾和妻子一起探望因劳尔可湖修水电站而被迫迁徙的佩文切人[1]的新家。新安置的地方，一年里有九个月都覆盖在茫茫大雪之下，居民生活举步维艰，农作也是靠钻冰取火。艾力库拉的人文精神和聂鲁达有很多相通之处——可以说，封杀艾力库拉，就是对智利最伟大诗人的否定。

① 马普切人的一支，“佩文切”在马普切语里的意思是“南方人”。

聂鲁达的家

和黛丽亚回国后，聂鲁达终于实现了夙愿：拥有自己的家。1942 年，诗人和“小蚂蚁”黛丽亚·德·卡瑞尔一起住进了“米乔坎公馆”。“公馆”个性十足的烟囱由黛丽亚设计——打那以后，醒目的烟囱就成了诗人所有住家的共同元素。在家中，诗人摆放着自己的图书、玩物和各式各样淘来的物件。当年，智利的平民善于把捡来的东西和二手货变废为宝，如果把智利戏称为“破烂国”的话，聂鲁达则是国中头号“拾荒者”。聂鲁达收藏的“破烂”包括机器零件、布娃娃衣服、食品罐头、搪瓷碗、昆虫干尸、玻璃瓶里的帆船、五彩鹅卵石、圣餐饼模具——所有一切被别人丢弃、又对诗人如获至宝的物品。聂鲁达的收藏也许上不了大庄园拍卖的台面，几年前却引来了当时马波乔河南岸唯一一家旧货市场的兴趣。

聂鲁达搜集来的物品都成了精致的玩具——这显露了诗人爱玩的天性，也激发了他的诗歌创作，而每一件物品都是智利“头号梦想家”热情和幽默的反映。显而易见的是，诗人想通过自己的收藏来丰富自己对童年的想象，来重现完美童年的梦想。聂鲁达热衷于收藏陀螺和风筝——有的风筝甚至是从遥远的中国买来的。为了满足诗人收藏玩具的嗜好，诗人埃弗拉因·巴尔克罗[①]和短篇小说家阿曼多·卡西戈里[②]也帮了聂鲁达不少忙——卡西戈里说他帮聂鲁达买玩具、藏玩具——谁让聂鲁达对自己的玩具那么爱不释手而舍不得分享呢！

智利硝石矿繁荣的时期，上流社会家庭常从欧洲购置最新流行的家具款式，从中国进口陶瓷茶具，从欧洲买法国的玻璃器皿、波斯地毯和外国画家的作品，就连囊中羞涩的人也争相效仿；但聂鲁达和黛丽亚的家里却只有智利原生树

① 埃弗拉因·巴尔克罗（1931— ），旅法智利诗人，智利“50年代”诗人中的一员，2008年获得智利国家文学奖。

② 阿曼多·卡西戈里（1928—1988），智利短篇小说家，智利“50年代”文学家中的一员，著有《小女士的小故事》《午饭与同情心》等故事集。

木制作的家具，地毯皮具也是智利牛羊的皮毛所制——这点诗人家的常客可以证实。

聂鲁达和当时其他的智利名流还有什么不同之处呢？

聂鲁达不打牌、不会也不爱踢足球。打扑克用的骰子不过是聂鲁达家吧台上的摆设——诗人扮演酒保用的道具。

聂鲁达不赌博，不看赛马，也不买彩票。

诗人家里不设秋千，除了黑岛的家里为了讨马蒂尔德开心装的秋千和吊床。

聂鲁达的收藏，丰富但不拥挤，精选而非随意。

聂鲁达的种种特质也反映在了他的诗歌里。他对马儿的颂歌不是描写纯种马的美，而是把马看作光与能量的象征——聂鲁达曾以“绿马”给自己的杂志命名：诗人对马的崇敬可见一斑。马也以旋转木马的形象出现在《世界尽头》和《黑岛纪事》中。两本回忆录中的马儿甚至活了起来：它们不爱做受人摆布的木马，而愿奔腾驰骋，就像《雨之马》一诗中所写的那样。

聂鲁达喜欢用船的甲板木片装饰屏风和冰箱门：在《狂歌集》里，甲板成了象征诗人开始“时间游戏”的预兆。

在诗人的《颂歌》中，自行车成了“透明的昆虫”；它是工人的坐骑，而不是竞赛的工具。

与胡里奥·科塔萨尔[1]和豪尔赫·特里耶尔不同的是，聂鲁达不喜欢看拳击。

聂鲁达能和博尔赫斯关于一朵玫瑰展开针锋相对的美学辩论，但下棋上却不是他的对手。

聂鲁达对化装的热情也显而易见：面具和帽子——即使是餐巾纸叠成的帽子——都是诗人钟爱的。聂鲁达喜欢在生日聚会和自己发明的场合上乔装打扮，和大家打成一

① 胡里奥·科塔萨尔（1914—1984），阿根廷作家、学者，拉美“文学爆炸”代表人物之一，人称“短篇故事大师”，著有《跳房子》《角斗士》等。

片；有时他扮成哥萨克人、海盗、名士、智利牛仔或外交官；就算穿上燕尾服也从容自如，就像在诺贝尔奖颁奖典礼时一样。

诗人所有的娱乐和兴趣都是为他的诗歌创作服务；他用五花八门的收藏为创作提供精神食粮。聂鲁达收藏的艺术品不多，但比起费尔南多·罗博·帕尔加[①]来，诗人收集的早期智利绘画作品——尤其是稚拙派作品数量还是可观的。

聂鲁达喜欢收集一切让他回想起童年时光的物品，比如特木科小卖部和公共场所的公告牌、警示牌："今天不赊账，必须给现钱！""不准随地吐痰"……小到一把钥匙、一把锤子、一只巨大的鞋，大到从失火的马具店里抢救的一匹经防腐处理的马（马皮毛后经青年智利画家胡里奥·艾斯卡美斯[②]修复）都逃不过诗人的双手。聂鲁达甚至千方百计把父亲的写字台、铁路局办公室的家具和一台曾被人扔进海里的、光溜溜的桌子纳入家中。

① 费尔南多·罗博·帕尔加（1916—1973），智利艺术收藏家，收藏有秘鲁著名画家乔斯·吉尔·德·卡斯特罗（1785—1841）、智利当代画家何塞·巴尔梅斯（1927— ）等三百余幅画作。

② 胡里奥·艾斯卡美斯（1925—2015），智利壁画家、油画家、版画家，曾为聂鲁达的诗集作插画。

聂鲁达在“巧思宫”家中阅读，
智利圣地亚哥，1955 年。
出处：智利国家图书馆作家档案

而石头、玻璃、木头——最好是海上失事船骸或者拆迁房屋的木头——都成了建筑诗人之家的原材料。聂鲁达的家都是在诗人天马行空的设计下一砖一瓦盖起来的，建筑风格也反映出特木科拓荒者的特性。聂鲁达亲手建起的三个家成了诗歌爱好者和游客的痴迷之处，仿佛聂鲁达的诗歌不仅仅包括他发表的文字，也包括诗人故居和家里的每一件物品的诗意。诗人自己也成为了一种受到盲目崇拜的偶像，不管追随者有没有读过他的诗——这不禁让人遗憾。

如今，聂鲁达在黑岛的家、圣地亚哥的“巧思宫”和瓦尔帕莱索的“塞巴斯提安娜”是智利最负盛名的旅游景点。其中，黑岛之家是诗人最喜欢的；1990 年加西亚·马尔克斯去参观时曾把它称作“聂鲁达的精神面貌”。

参观聂鲁达的黑岛之家需要提前报名——这曾引起愤怒和抗议。但根据专家对建材耐力的计算，黑岛之家每天只能承受三百人次左右的参观，否则将面临坍塌的危险；这是因为，房子本来就是以居住为目的设计的，无法招架人群的来来往往。

黑岛之家是聂鲁达故居中的代表作，家中收藏有旧书、手稿、各国诗歌中的精品和各种海螺贝壳。1954 年诗人庆祝五十岁生日时，将许多海贝和藏书一并捐献给了智利大学。

聂鲁达最喜欢的收藏品是各种船头雕饰和一切与大海、航海有关的物品：玻璃瓶子里的船模、船只失事地点图、老船上的旧家具和独角鲸的角。

玻璃瓶子里的船模是“刻奇”[①]风格最淋漓尽致的体现；诗人收集的瓶子里也不仅仅是船只，还有靴子、动物人物小塑像。

聂鲁达收藏蝴蝶和甲虫标本；这是诗人对在智利南方森林中度过的童年表达敬意的一种方式。

诗人的收藏中还不乏千奇百怪的“小玩意儿”：一个做圣饼的模具、一只八音盒、一架手摇风琴、一把旧鲁特琴、情趣明信片和各种以诙谐激扬的言辞介绍新发明的海报。

---

① 原文为 kitsch，源于米兰·昆德拉的小说《生命中不能承受之轻》，指低俗的艺术风格。

聂鲁达还收集了各种非洲面具和各式各样的船头雕饰，包括一座用复活节岛特有的、托勒密勒木雕成的土著圣母像（是复活节岛教堂圣母像的复制品）。雕像中有个细节体现了艺术家的心灵手巧：圣母的一只手从祭袍的皱褶中伸出，风格与中世纪木雕如出一辙。

诗人的家状如变形虫，家的心脏是玛丽·玛特纳设计的烟囱，它由青金石铸成，嵌着紫水晶；巧思宫的烟囱是铜打的，装在卧室的一隅，下面是隐蔽的楼梯，烟囱上装饰着聂鲁达和马蒂尔德名字的首字母——“P”与“M”缠绕在一起的图案；“塞巴斯提安娜”里也有一个铜烟囱；“米乔坎公馆”的餐厅上有座石烟囱，卧室里、人称“林中之家”的书房上也各配有一个烟囱。

聂鲁达喜欢用指尖感受生活——就像东方人有佛珠、希腊人有忘忧珠、阿拉伯人有念珠一样；他喜欢有着双面螺纹的海螺、玻璃器皿和奇形怪状的石头——有的石头打磨得像鸡蛋一样光亮。诗人对石头的热爱后来也成为了诗人用触觉感受生活中重要的一部分。

聂鲁达在巴黎的集市上——海螺是诗人最钟爱的收藏品之一；
法国巴黎，1955 年（马科斯·查穆德斯摄影）。
出处：智利国家图书馆作家档案

“塞巴斯提安娜”是聂鲁达、马蒂尔德和艺术家玛丽·玛特纳和医生弗朗西斯科·维拉斯科夫妇之间友谊的结晶。而这段友谊的缘起，则是四人对石头的喜爱。两对夫妇曾各买下房屋的一半，用一扇门隔开各自居住的空间。政变爆发后，马蒂尔德曾试图把门拆掉，修上一堵墙，来避免维拉斯科夫妇家被抄家的遭遇，但事与愿违。

“塞巴斯提安娜”中有一幅大型壁画，是玛丽·玛特纳画的、一张旧时石刻南极地图的临摹。玛特纳给“塞巴斯提安娜”铺了大理石地面，还在庭院的地面刻下了风向图。家里还有在瓦尔帕莱索市场上折价买来的花窗玻璃，客厅和图书室的方格天花板都是维拉斯科医生刷的漆。

玛丽·玛特纳的作品虽然从未进驻美术馆，却遍布智利和整个美洲。她曾接受阿连德委托，给托马斯·莫尔大道的总统官邸（现已改造成养老院）设计了盾徽，由青金石、石英、碧玉和玛瑙雕刻而成，但后来不幸被毁。智利瓦尔迪维亚市的南方大学收藏有玛特纳的壁画作品。1960—1966年期间，她曾和墨西哥壁画家胡安·敖皋曼联手创作了首都圣母山图帕维度假村的壁画。圣地亚哥哈尔曼雷马尔化工厂和拜耳智利分公司里也有玛特纳的壁画。奇廉市老城区、纪念碑公园里的玛特纳作品则有着特殊的意义：这里曾是里克尔梅家庄园所在地，和伊莎贝尔·里克尔梅的儿子——智利开国元勋、第一任总统贝纳多·奥希金斯——诞生的地方。这六十米长、六米高的石画卷于 1973 年 10 月完成。画卷表现的各个主题由从纽布雷河中采掘的各色石头碾碎拼接而成：浅灰、深灰和深蓝灰色的花岗岩，土黄色的石灰石，深蓝的青金石，白色的石英，红色的玉石，灰色的火山渣。不同颜色的石头因质地、薄厚的不同而相互呼应，构成了独特的韵律。在玛特纳的巧手下，本为静物的石头似乎活了起来，仿佛开口讲述奥希金斯的人生与梦想。

“塞巴斯提安娜”在 1973 年政变后几乎被夷为平地。伤心欲绝的马蒂尔德·乌鲁蒂亚决定把它原封不动地保留下来，作为军政府暴行的罪证。“塞巴斯提安娜”遭受了无可挽回的损失，夫妻俩收藏的古版地图也不翼而飞。1991 年，“塞巴斯提安娜”被遗弃了十六年后，聂鲁达基金会在一家西班牙银行的资助下决定重建诗人故居。基金会买下了维拉斯科与玛特纳夫妇居住的部分，并委托智利建筑师卡洛斯·玛特纳把两家同住的“塞巴斯提安娜”连成一个有机整体。

家中经建筑师妙手回春的“俏皮”元素包括：（由专人修缮）一只来自法国的旋转木马，“刻奇”风格手捧托盘或香烟盒的侍者小像，人体模型的脑袋，一把叫作“云”的皮面摇椅，一只露天弥撒用的匣子，一幅由发条控制、画中人物可以动来动去的画，一台圆柱形留声机，一只檀香木箱子，几件船上的家具，几把桑纳椅，还有曾装点十九世纪末浮华喧嚣的瓦尔帕莱索港口豪宅的各种物品。

的确，聂鲁达的品位并非朴素：本着诗人的敏感与独特，聂鲁达走遍世界各地的古董店，还曾托友人捎带各种心仪的物品。在他所有收藏品里，聂鲁达最最珍爱的是各种船头雕饰。

巧思宫里布满了艺术品：除了迭戈·里维拉的“双面”马蒂尔德画像（其中一张脸是女主人公，另一张其实是聂鲁达），还有智利画家内梅西奥·安图涅斯、马里奥·卡雷尼奥[①]和马里奥·托拉尔[②]的作品和展览海报。聂鲁达也本能地喜欢不知名的艺术品；巧思宫里就有一幅摄影作品，照片

① 马里奥·卡雷尼奥（1913—1999），古巴裔智利籍画家。在马德里艺术学院就读期间结识了聂鲁达，后旅居墨西哥、美国、智利，曾在纽约社会研究新学院执教。作品被全球的私人收藏家收藏。1982 年获智利国家艺术奖。

② 马里奥·托拉尔（1934— ），智利画家、摄影师。作品包括智利大学地铁站内的《民族视觉记忆》大型壁画。2007 年获得聂鲁达基金会荣誉嘉奖。

里是一座没有名字的广场，客厅里还有一幅作者不详的静物画。毫无疑问的是，诗人最大的财富是他的“聂鲁达图书馆”。诗人后来将其捐献给智利大学，让全世界的专家都能前来查阅、研究。

虽然几个家都像玻璃盒子里的蝴蝶翅膀一样脆弱易腐，但诗人依然不遗余力地收藏了各种“玩意儿”——诗人本是为了寻找激发创作灵感的元素，不经意中却丰富了全人类的想象力。

聂鲁达想把他最后一栋房子建在圣地亚哥罗库洛区，诗人委托智利建筑师拉米罗·因松萨·菲格罗阿设计。“曼凯尔”（土著语里“安第斯秃鹰”的意思）的设计图纸已上交智利地方建筑工程司，由建筑师卡洛斯·玛特纳查阅并签字批准。聂鲁达最后的家位于罗库洛区阿苏尔街4640号，建筑面积为225平方米。

早在1956年，聂鲁达就买下了建设“曼凯尔”的地皮。曾在加拿大多伦多认证建筑师学位、身为加拿大皇家建筑协会和国家建筑规范联合会会员的拉米罗·因松萨曾告诉我说：

“我们从 1972 年开始着手聂鲁达的居住项目，到 1973 年 9 月 11 号政变那天，只完成了骨架的三分之一。”

林中之路

借着聂鲁达的散文《通往自由的林中之路》按图索骥，我在拉蒙·基奇尧教授和智利南部富特罗诺市市长奥克塔维奥·卡扫克斯·冈萨雷斯的协助下，重温了1949年诗人逃难时尚未开拓的路线。

聂鲁达流亡之行半个世纪后，我们于2000年2月21日踏上诗人走过的林中之路，来纪念聂鲁达秘密逃离智利五十周年。我们乘着驳船前往瓦皮岛，同行的还有两位著名的奇洛埃岛居民——诗人内尔森·托雷斯和民俗学家阿马多·卡德纳斯。

基奇尧教授还是作家和说书人，他说："我十几岁时就热切幻想着能有一天重温聂鲁达逃亡时走过的林中之路。那时，我总是爬到故乡的小山坡上，想象着诗人曾经踏过这里的路，但我还没想过如何纪念这被人淡忘却意义重大的跨越。一天，我突然灵光一闪，想到应去寻找当年赶着骡子、给聂鲁达指路帮他越过国界的弗洛雷斯兄弟。兄弟中其中的一位——胡文纳尔·弗洛雷斯先生已经八十八岁了。是他帮我找到了最接近聂鲁达逃亡原路的路线。”

1949 年，遭遇政治迫害的聂鲁达不得不隐姓埋名，并开始秘密逃亡计划。3 月 3 日，聂鲁达经兰科湖离开富特罗诺市，前往宜芬市附近的码头。接下来，诗人从陆上抵达罗斯约耶斯港，然后在麦蔚湖上乘船抵达维因纳维市。经过几天的周密策划后，诗人决定从奇维奥镇的温泉浴场旁边，和一行人骑着骡子出发，然后沿着森林中隐蔽的小径和崎岖的安第斯山路越过国界。

聂鲁达于 3 月 23 日抵达奇维奥镇。“奇维奥”的意思——金翅雀——和它的读音一样悦耳动听。聂鲁达在这里的温泉里一扫疲倦，恢复了元气，在豪尔赫·贝雷特的护送下骑着骡子前行。弗洛雷斯兄弟俩把他带到了通往邻国阿根廷的路上。我采访了胡文纳尔先生，他回忆道：

> 我亲自教会了巴勃罗先生骑马。当然，那时候我并不知道，他就是被政府迫害追杀的那位诗人。我哥哥和我先去踩了一遍点，清理了路线，以防万一。我只顾着操心诗人骑的马踩着湿漉漉的石头别打滑，压根没琢磨这偏要走走私分子专道的人究竟是谁，但隐约觉得应该是个重要人物。直到我们越过国界、到了圣马丁德洛斯安第斯市之后，才真相大白：原来他是拿了本假护照的聂鲁达。到了阿根廷以后，听说当地的朋友给聂鲁达摆了洗尘宴。

聂鲁达的假护照上写的姓名是“安东尼奥·鲁伊斯”，职业是“鸟类学家”。也许聂鲁达如果不写诗的话，会考虑研究鸟类。他曾多次在诗中提到各种现实中和想象出的鸟儿，如数家珍……

奇维奥镇的入口处有个大十字架，十字架上有行简短的题字——“不能忘却的不义”，来纪念政变后被拘捕、拷打、肢解、割喉然后毁尸灭迹的十七个人，他们分别是庞基普伊木材厂工人、“工人希望”工会的成员和农民。作恶者先是掩埋了受害者的尸体，又刨了坟，把遗体有的运至奇维奥镇，有的转移到未知的地方。另一个埋葬地点被发现后，有人在一块岩石上刻下：“以此纪念 1973 年 10 月 9 日在奇维奥遇难的十七名工友。”

奇维奥镇的温泉位于库里涅河上游，热水顺着一望无际的树干斜槽从高高的安第斯山脉节节而下，汇到由百年假山毛榉挖空的树身做成的大浴缸里，供人们用富含矿物质的泉水洗浴治疗。

我们乘坐的吉普车沿着山路驶入森林深处——这不是诗意的诠释，而是草木浓密到几乎遮天蔽日，只有亲自体验才能想象出来的、湿冷的森林深处。

接下来，我们抵达里尔配拉关卡——古时候盗马人、牲口贩子常用的关卡。过了关卡，我们沿路往前驶向拉卡尔湖，湖东岸就是阿根廷城市圣马丁德洛斯安第斯。一路上的风景是清一色、开满白花的智利香花树，预示着养蜂人的丰年。黄颈鹮整齐地飞着，长尾草地鹨清脆地鸣唱，一只红隼栖息在高高的枝头。安第斯山脉长满了高大茂盛的百年老树，这其中不乏被诗人很自然地误认作落叶松的原生山毛榉（毕竟两者在植物家族里属于同一科）。我们时不时路过抬头不见天的密林——头顶上黑压压的一片都是原始森林中树木的枯枝遗骸。

智利编剧塞尔吉奥·弗拉沃曾留下了珍贵的证言：大概是 1967 年的时候，弗拉沃曾是聂鲁达带领、准备拍摄整个潜逃过程的剧组成员。

> 大家动身前往富特罗诺市。聂鲁达走在我前面，对自己的领队角色显然已经走火入魔。他操着英语指挥我，“快拍、快拍！”我们经过奇维奥镇，穿越了森林，和作曲家古斯塔沃·贝塞拉[1]、在智利进口贸易公司供职的弗洛·奥斯和智利大学影视摄影系的帕特里西奥·古斯曼[2]一起拍摄全程。摄影胶片后来由弗洛·奥斯保管。我们本想着回国后完成拍摄，但后来没拿到资金，最后也没能回国。

---

① 古斯塔沃·贝塞拉（1925—2010），智利作曲家、音乐学家，曾将聂鲁达的诗配乐编成大合唱作品。

② 帕特里西奥·古斯曼（1941— ），智利摄影师、纪录片导演，代表作有《为智利而战》和《阿连德》等，并创立了圣地亚哥国际纪录片节。

居民及其希望

跨越里尔配拉关卡时，我们惊奇地意识到，聂鲁达多年前曾在《居民及其希望》中预言般地描写过一段与他逃亡经历相似的旅途。小说中旅途开始的日期不是 3 月 3 日，而是 3 月 12 日——南半球初秋时分。聂鲁达曾写道：

> 我选择逃亡，我要走出那受过烈火洗礼、阴雨笼罩之下的小镇；我要沿着孤独的小路，经过那伐木小村；村里遍地是尖顶木柴堆，仿佛一座座小城堡……

书中描述的被追的人（追杀者的二重身）逃亡所经过的地方和诗人 1949 年秘密潜逃所经过的地方有着不少相似之处。而这些地方也因聂鲁达的作品从虚构变为了现实，成了智利人集体记忆中的一部分。

可以说，《居民及其希望》是一部短篇小说：加夫列拉·米斯特拉尔曾把智利短篇小说大师费德里克·加纳的作品称为“短篇故事”。新定义丰富了鲁文·达里奥、比森特·维多夫罗和加纳等文学先驱的创作，短篇小说这一文学体裁也不断发展、完善。《居民及其希望》故事诠释了激情欲望和追求自由之间的较量。

这部具有暗示性的短篇小说也是诗人生活另一种可能性的隐喻：如果诗人激情昂扬的性格没有把他引向流亡、带他越过国界和其他界限之外，他可能安静地隐居在南方的林中小村里。

《居民及其希望》也是一部关于犯罪的小说。小说1926年出版时，聂鲁达曾在“序言”中写道：

> 我偏爱宏伟的想法：虽然文学给了我巨大的困惑和疑问，但如果要我写愉快肤浅的文字，我宁愿无所事事……作为一个公民来说，我是个从容不迫的人，

不喜欢法律的束缚，也不待见政府和各种秩序制度。我厌恶资产阶级；吸引我的是不安、不满的人们的生活——不论他们是艺术家还是罪犯。

智利文学评论家埃尔南·迪亚斯·阿里耶塔说，这部小说展现了“一场宴会、一个在读者眼前编织的梦想”。评论家阿洛内则说自己无法抗拒这本书的魅力——“一个女人、几个夜盗、一个刺客之间展开的一场茫然的冒险、一场彻底的逃避……这是何等天马行空的狂想，多么不可捉摸、令人痴迷的艺术形象！”

写作《居民及其希望》的想法诞生于聂鲁达1925—1926年间的一次旅行。诗人曾陪同朋友鲁文·阿索卡[①]到智利南方奇洛埃岛的安库德小镇生活了一年，并写下了这个诡异的故事，同时也是诗人唯一的一本小说作品。小说的第一章如此开篇：

我的家是坎塔劳村里的最后一座房子，它夹在半

① 鲁文·阿索卡（1901—1965），智利作家、诗人，代表作是描写智利南部奇洛埃岛的新现实主义小说《岛上人》，曾被聂鲁达称为智利最好的小说之一。

山腰上，正对着咆哮的大海。

作者以超现实主义手法描写了一个笼罩在阴雨下的、智利南方沁人心脾景色之中的简单的警匪故事，聂鲁达的作品取得了之前智利文学从未企及的普世性高度。

作品中，聂鲁达颠倒了年代顺序，与时间捉迷藏，还引用了书信。书中的人物有的真实，有的虚幻——比如故事主人公的朋友托马斯，就是现实和虚构的结合体。书中的“欢迎酒店”（在《圆环》[①]中也提到过这个意象）是谜一般的空间。梦一般的气氛给全书奠定了基调，也在故事发展中起到了决定性的作用。作者对叙事张力和强度收放自如的驾驭，使得故事有了一种打破自己界限、跃然纸上的活力。

《居民及其希望》里的故事仿佛并不起眼。在海边一个叫坎塔劳的小村里，一个店伙计决定和有“经验”的朋友，弗洛伦西奥·里瓦斯一同去偷马，并由此走上犯罪道路。

---

①《圆环》是聂鲁达与智利作家托马斯·拉戈合著的散文集，1926年由纳西门托出版社出版。

店伙计打杂的地方是家五金店——聂鲁达的哥哥鲁道夫曾因其优美的歌喉获得了全国音乐学院的奖学金，但其父得知后却对其一顿暴打，最后鲁道夫放弃了声乐的梦想而去了五金店打工。聂鲁达的父亲，铁路工人何塞·德·卡门·雷耶斯·莫拉雷斯认为写诗唱歌都是同性恋才干的勾当。

书中提到，弗洛伦西奥·里瓦斯“爱打牌，喜欢打探别人丢失的牲口”。他“话不多、身强力壮，为人忠实又不乏机灵”。伊蕾内是里瓦斯的妻子，也是店伙计的情人。

突然，年轻的店伙计被捕，和几个贼眉鼠眼的犯人关在一起。用店伙计自己的话说：

> 我病了，发着烧，太阳穴一跳一跳的。我躺在草垫上，头疼得翻来覆去。地牢有扇窗，窄窄的，高高的，围着细铁杆子，露出一巴掌天，一脸忧愁相。牢房里还有两三个犯人——迭戈·柯珀，也是偷马的，傲慢、不可一世；罗哈斯·卡拉斯科，是个脏兮兮的胖子，一脸没好气，不知是给镇上的警察惹了什么事。

店伙计意识到，自己的生活发生了骤变，再也回不到过去的轨迹上了。他说道：“我一想到自己白学了很多东西就伤心。以前，一双巧手就能给我带来快乐，但我不会再有这样的日子了。我曾把我的一辈子用来追逐希望，结果白费了一双慧眼，一颗热心，到头来却是一场空。这真是悲哀。”

故事的主人公并不明白自己是怎么沦为了阶下囚的。他猜不透，想不清，不祥的预感汹涌而来。他决定托另外一个朋友托马斯给伊蕾内捎个信：“我给您写信是想打听伊蕾内的故事。伊蕾内——弗洛伦西奥他媳妇。请您帮我给她捎个信，我有话对她说。我看她要不就是寂寞，要不就是有人欺负她。我说这话是啥意思？您帮我找找她。她住在瓦斯凯斯家别墅对面。”

店伙计被释放回家。弗洛伦西奥找上门来，说要逃命，问他借件斗篷。

店伙计陪着朋友走了逃亡的第一段路，然后不知不觉地成了同伙——但他不知道，弗洛伦西奥已经把伊蕾内杀了。

店伙计决定为了报仇，开始追杀凶手，但到了要杀的节骨眼上，“被追杀者的梦却横在两人中间”。

追杀者跨越梦与现实的界限，梦中有个静卧的女人：

她死了，躺在床上。裸着身，冰冰凉的，像条被冲上岸的鳐鱼，躺在夜浪的泡沫之间。我凑上前看了看她。她睁着一双蓝眼睛，像她脸上的两束小花。双手微微弯着，仿佛想攥住一缕烟。她的身子僵硬地躺着，像一块随时可能颤抖起来的、苍白的金属。

在这部超现实主义小说里，逃亡的起始日期不是3月3日，而是“3月12日”，秋季初上之时。

“我选择逃亡，我要走出那受过烈火洗礼、阴雨笼罩之下的小镇；我要沿着孤独的小路，经过那伐木小村；村里遍地是尖顶木柴堆，仿佛一座座小城堡……”

世外桃源坎塔劳

如果说《堂吉诃德》中的“拉曼查有个地方”是西语小说里第一个虚构的地方，那么智利小说里第一个虚构的地方应该是《居民及其希望》（1926）中的坎塔劳，而聂鲁达则是第一个开拓想象空间的美洲作家。

而有了第一个，就慢慢涌现了更多的虚构之地。

坎塔劳作为虚构地名的出现早于胡安·埃马尔《昨天》（1934）中提到的圣奥古斯汀德探戈市。

1950年出版的《短暂的生命》中，胡安·卡洛斯·奥内蒂[1]创造了圣玛利亚市；1955 年出版的《枯枝败叶》中，加西亚·马尔克斯创造了马孔多村；同年出版的《佩德罗·巴拉莫》中，胡安·鲁尔福[2]创造了悲凉的科马拉村。

聂鲁达想成立一家基金会，来给他文学世界中的乌托邦一个现实中的位置和时空中的存在。聂鲁达在法国完成外交任期回国后，向律师朋友塞尔吉奥·因松萨交代了设立基金会的意愿。因松萨立即撰写了相应的法律文件。起初，基金会决定取名“巴勃罗·聂鲁达诗歌发展基金会”，后来改名“坎塔劳基金会”。

“坎塔劳”这名字由何而来？也许是为了给想象力一片任其驰骋、免受压迫的土地。

聂鲁达曾在与丽塔·吉伯特的访谈中提到，自己想给后世留下一份精神财富。丽塔·吉伯特曾在聂鲁达参加

① 胡安·卡洛斯·奥内蒂（1909—1994），乌拉圭著名小说家，是“45 年一代”的中坚人物。1939 年发表第一部小说《井》一举成名，并围绕虚构城市“圣玛利亚市”写了多部小说。《短暂的生命》为其公认的代表作，作品表现第二次世界大战后拉美社会病态和作者内心世界。1979 年获塞万提斯文学奖。

② 胡安·鲁尔福（1918—1986），墨西哥著名作家，被誉为“拉丁美洲新小说的先驱”。小说作品多反映墨西哥农村风貌。《佩德罗·巴拉莫》迄今仍被认为是拉丁美洲文学的巅峰小说之一，在世界各国广为流传。

总统竞选活动的最后两周暂住在诗人的黑岛之家。访谈收录在墨西哥诺瓦罗出版社 1974 年出版的《七位伟人之声》中：

我想把我拥有的一切献给人民的斗争。您现在下榻的这座房屋，我已在二十年前公证转到了智利共产党的名下。我住在这里是共产党做主，共产党慷慨让我住。这房子不是我的，但我又对它有着使用权；我已经把这房子和它里面的所有收藏、所有图书和物品转给他人了。我把我好几个书房的藏书都捐给智利的大学；共产党几位领导现在住的房子也是我送的。

吉伯特问道：

“那么将在黑岛设立、给作家服务的坎塔劳基金会，是不是也是您留给后世财产的一部分？”

聂鲁达回答说：

“最近我分期付款在海边买了一块地，好让未来的作家能在这里避暑，并能在一个美不胜收的地方创作文学作品——我希望坎塔劳基金会能营造这种环境。基金会将由智利天主教大学、智利大学和智利作家协会共同管理。我想用我的版税收入支持作家们来这里生活、写作一年；基金会的场所既要有作家独立工作的小屋，也要有聚会、举办仪式用的公共大厅。”

一天早上，聂鲁达的教子、建筑师拉米罗·因松萨来到我家。他带来一份珍贵的礼物——建筑师自己出版的《大提特拉[1]花之颂》，是聂鲁达和马蒂尔德在乌拉圭秘密同居期间创作、未经发表的诗。

拉米罗给我展示了证明聂鲁达“遗产”的文件[2]：

1973年5月9日，伊格纳西奥·穆希卡·阿拉亚和罗伯托·塞皮·德雷克尹凡特作为证人，来到智利卡萨布兰卡省法院秘书处出庭作证，宣布位于蓬塔特拉尔卡市的场所的捐赠“纯属公益性质，不对捐赠人

① 原文为Datitla，文学评论中普遍认为是Atlantida（传说中沉入大西洋中的岛国亚特兰蒂斯）的字谜，暗指与马蒂尔德的地下恋情。

② 详见附录中的知识论分析。——作者注

产生任何利润。捐赠的主要目的是通过提供适当的场所来给作家、艺术家、科学家和研究人员提供交流的地方，从而促进文学、艺术和科学的传播。此外，捐赠人还考虑通过第三方捐地来设立常设展馆、小水族馆、剧院和其他为完成基金会使命所建的工程”。

一个月后，也就是1973年的6月11日，像证人所述的那样，聂鲁达取得了妻子马蒂尔德的许可，亲自到卡萨布兰卡镇法院秘书处登记捐地成立坎塔劳基金会一事。为了达到基金会设立的目的，诗人无偿捐赠了位于他从圣地亚哥天主教会神学院收购、位于瓦尔帕莱索大区卡萨布兰卡省蓬塔特拉尔卡市的地产。

画家胡里奥·艾斯卡美斯忆起，聂鲁达在这之前已经对坎塔劳基金会场所的建设有了详细的想法：在他独树一帜的传记《聂鲁达青少年时代》中，画家对后者的视觉世界做了深入的刻画：高高的智利南洋杉、鸟兽出没的丛林、南方的阴雨、引人注目的“滚木”动物养殖场、脱粒厂、赶着骡子的农人、马普切文化、矮矮的房屋和店铺，还有邻里的聚会。

艾斯卡美斯写道：

> 聂鲁达开始计划建设黑岛“作家之家”的时候就已经想好了正门上的题字。“作家之家”将命名为坎塔劳，名字源于聂鲁达的小说《居民及其希望》。正门题字将献给卡洛斯·纳西门托和冈萨罗·洛萨达。

按照诗人意愿，坎塔劳基金会由智利大学、智利天主教大学、圣玛利亚科技大学和巴勃罗·聂鲁达共同管理。1973 年 6 月 1 日，基金会向智利城镇发展协会提交了“坎塔劳文化中心项目”申请。项目由基金会资助，由建筑师卡洛斯·玛特纳、劳尔·布尔内斯和维吉尼亚·普鲁宾斯设计，涵盖了诗人所有的想法：包括建设文化中心、小水族馆（包括软体贝类馆）、露天圆形剧场、体育设施和绿地公园。

许多年过去了，聂鲁达的梦想却迟迟没有成真。诗人指定的项目执行者——智利大学、智利天主教大学和智利作家协会并没有尽力完成聂鲁达的遗愿。

然而，作家们却依然等待着拿到补助，得到诗人版税收入资助的“坎塔劳”生活创作一年的机会。诗人排除万难、跨越国界热切追求诗歌创作巅峰时就开始构想的一件厚礼，却被如此断送。

如果有了坎塔劳，能有多少人能通过它，发挥自己在文学、塑性艺术、音乐或其他艺术领域方面的才能！有了它，世界也许就多了一个展示美洲及其丰富土著文化和艺术成就的窗口。

唯有爱　才是普世之道

聂鲁达流亡海外后，在 1949 年突然现身巴黎，整个智利为其惊喜欢呼。聂鲁达曾和毕加索会面，马可斯·查穆德斯[①]留下了照片为证。

同年，聂鲁达在墨西哥举行的“拉丁美洲保卫和平大会”上发表演讲，演讲全文收录在了西凯罗斯和里维拉插画的《漫歌》豪华版中。

在墨西哥的日子里，聂鲁达不但在诗歌和外交上颇有建树，还在感情生活中经历了一件影响深远的大事：与马蒂

① 马可斯·查穆德斯（1907—1989），智利犹太裔摄影师、政治家和记者，其摄影作品大部分在智利国家历史博物馆展出。

尔德·乌鲁蒂亚重逢。马蒂尔德自己曾说，两人曾在多年前圣地亚哥森林公园的一场夏日音乐会时相识并共度良宵。之后，两人共同乘坐塞萨·戈多伊·乌鲁蒂亚和妻子玛利亚护驾的邮轮前往危地马拉，旅途中聂鲁达也是马蒂尔德各种玩笑的同谋和鼓动者。

虽然身在国外，聂鲁达在智利的影响却远没有消失殆尽。通过几家地下出版社的努力，很多人阅读并背诵了《大地的名字叫胡安》《让那伐木者醒来吧》等聂鲁达作品。流亡智利的委内瑞拉画家加布列拉·布拉丘告诉我们，他曾在史学家阿尔瓦罗·哈拉的细心监督下给《献给黑暗中的祖国的新年大合唱》的特别版创作了插画。

一次，马蒂尔德在布拉格的时候，曾秘密到一座改造成作家会馆的古城堡下榻。尼古拉斯·纪廉[1]对她很冷淡，但若热·亚马多[2]和纳齐姆·希克梅特[3]却很支持她。原来，

---

① 尼古拉斯·纪廉（1902—1989），古巴诗人、记者、政治运动家，被誉为“古巴民族诗人”。

② 若热·亚马多（1912—2001），巴西现代主义小说家，该国史上最具影响力的作家之一，他的代表作《味似丁香、色如肉桂的加布里埃拉》被认为是巴西史上最伟大的小说之一。

③ 纳齐姆·希克梅特（1902—1963），土耳其诗人、剧作家、小说家，以抒情诗出名，常被称为“浪漫共产主义者”和“浪漫文艺复兴人”。

智利共产党并不接受聂鲁达和他“情人”之间的结合，诗人自己却丝毫不在意别人对马蒂尔德的看法。聂鲁达在《船长之歌》中的《战士之爱》一诗中写道：

> 流浪的女人，你过来
> ……
> 你不想知道，你曾走过何方
> 你是舞池中的伴侣
> 你没有党派，也没有国邦
>
> 现在，你走在我身旁
> 你看到，生命和我在一起
> 我们已把死亡甩在后方

捷克警察认为马蒂尔德身份可疑，于是把她赶出了国。但在聂鲁达心中，马蒂尔德却是神圣完美的：

> 有人个子比你高，高过你。有人比你更质朴，更纯洁。有人比你更漂亮，更美丽。但你是女王。[①]

① 网上广泛流传的一个译本，译者不详。

拉美文化盛会

聂鲁达对很多艺术家同仁满怀认可、珍重之情。诗人最突出的美洲人特性，则是他的热情和友好。聂鲁达家的大门随时为艺术家们敞开：尼古拉斯·纪廉曾在聂鲁达家住了一段时间。诗人赴任大使临行前，把房子留给演员、议员和外交官玛利亚·马伦达照看。

聂鲁达的好客在他组织的大型活动上达到了前所未有的程度；为了把最杰出的诗人、艺术家汇聚一堂，聂鲁达常常能办到令许多政府机构都望洋兴叹的事情。1953 年，聂鲁达组织了美洲大陆文化大会，瓜拉尼语也被指定为官方语言之一。大会把诗人的热情好客展现到了极致：圣地亚哥城仿佛成了美洲和世界各地艺术家的大型家庭招待会：迭戈·里维拉、若热·亚马多、艾尔梅尔·罗梅罗[①]、尼古拉斯·纪廉、奥斯卡·尼迈耶[②]、坎迪多·波尔蒂纳里[③]、莫拉艾斯[④]、米格尔·奥特罗·席尔瓦[⑤]等人都前来参加 。与会的智利名流还包括智利癌症学会的创始人亚历杭德罗·利普舒茨医生和玛格丽塔·沃格尔、作家费尔南多·桑提万、演员罗伯托·帕拉达、玛利亚·马伦达和伊内斯·莫雷诺。

圣地亚哥大剧院摇身一变，成了美洲缔造者思想碰撞、掷地有声的殿堂。聂鲁达五十岁生日时也举行了文化盛会。他让智利大学的杰出学生陪同远道而来的外国友人并给他们做翻译——参与的学生包括后来成为地理学家的格拉西耶拉·乌里韦和工程系的学生大卫·柏立松，还有其他学生，负责给来自墨西哥、海地、巴西等国的学者充当向导和翻译。聂鲁达给每位学生志愿者送了一张自己的绘画，和一首

① 艾尔梅尔·罗梅罗（1926—2004），巴拉圭诗人，代表作为《黎明的战士》。

② 奥斯卡·尼迈耶（1907—2012），巴西建筑师，拉丁美洲现代主义建筑的倡导者，被誉为“建筑界的毕加索”。他曾在 1946—1949 年间作为巴西代表，与梁思成等人共同组建负责设计纽约联合国总部大楼的十人规划小组，并曾在 1956—1961 年间担任巴西新首都巴西利亚的总设计师。

③ 坎迪多·波尔蒂纳里（1903—1962），巴西最重要的艺术家之一、新现实主义风格艺术家。画作常以孩子、巴西的风土人情为题材。

④ 维尼修斯·德·莫拉艾斯（1913—1980），巴西诗人，主要诗集有《通向远方的路》《形式与注解》《女人，阿利娅娜》等。

⑤ 米格尔·奥特罗·席尔瓦（1908—1985），委内瑞拉左翼诗人、小说家。

聂鲁达与友人在“聂鲁达日”庆祝活动中，
智利特木科，1971 年（豪尔赫·阿拉维纳·雅安卡摄影）。
出处：智利国家图书馆作家档案

自己亲笔签名的诗作。

聂鲁达五十岁生日那年是1954年，智利在科勃利坎大剧院举行了盛大的庆祝活动。7月12日，全世界的作家纷纷空降圣地亚哥前来祝贺。在聂鲁达米乔坎公馆的家里，黛丽亚与中国诗人萧三[①]愉快地对话；在座的还有捷克著名的绘画家和剧作家德尔达、俄国作家伊利亚·爱伦堡，正在圣地亚哥大剧院演出的法国演员玛德莲·雷诺和丈夫让·路易·巴劳特、阿根廷的奥利韦里奥·吉龙铎[②]和夫人诺拉·兰赫[③]、贝尔纳多·考尔通[④]、玛利亚·罗萨·奥利弗[⑤]和巴拉圭诗人艾尔梅尔·罗梅罗。

1954年的6月20日，聂鲁达开始在“米乔坎公馆”的家里庆祝生日，并为“巴勃罗·聂鲁达诗歌发展基金会”铺下了第一块基石。各方名流出席了庄严正式的动土仪式：来

① 萧三（1896—1983），笔名埃弥·萧（Emi Siao）等，现代著名诗人、翻译家。原名萧子暲，曾与周恩来等人发起“少年中国共产党”，新中国成立后主持中国国际文化交流工作。

② 奥利韦里奥·吉龙铎（1891—1967），阿根廷诗人，主要作品有《二十首在电车上读的诗》《稻草人》《我们的田野》等。

③ 诺拉·兰赫（1905—1972），阿根廷二十世纪二三十年代先锋派作家。

④ 贝尔纳多·考尔通（1915—2002），阿根廷作家、记者。

⑤ 玛利亚·罗萨·奥利弗（1898—1977），阿根廷作家、翻译家。

宾有智利大学校长胡安·戈麦斯·米亚斯、萨尔瓦多·阿连德、胡文西奥·瓦耶、亚历杭德罗·利普舒茨教授、诗人马里奥·费雷罗、画家米蕾亚·拉夫恩特，还有第六女中的美术教师和诗人的密友、“水下”艺术团的成员加夫列拉·米斯特拉尔，和聂鲁达的秘书兼图书管理员豪尔赫·桑乌埃萨。诗人曾表示，希望智利大学能负责开展设立基金会的活动。

诗人虽对米乔坎公馆的“宝藏”爱不释手，但他更热衷保护文化资产。那时的聂鲁达就已经意识到，以焚书作为政治报复的现象离智利的现实并不远；二十年代的时候，智利学生联盟那价值连城的图书馆就被付之一炬，而魏地拉的政府开始迫害聂鲁达的时候，米乔坎公馆也受到了“火烧”的恫吓。而聂鲁达的生日，不是坐收礼物，而是慷慨解囊。

聂鲁达深知，书籍——头版书、摇篮本珍本，还有好比世界文化璀璨明星的手稿——都应被保护起来，以免落到居心不良的人手里；但是，书籍也不该失散四处或者成为收藏家的私有财产。书籍是大家的财富，而当时唯一能够妥善保管这笔财富的只有智利大学。聂鲁达捐出的书籍包括希腊文名著，还有已有五百多年历史、用最早的印刷术印刷的图书——比如1484年在维罗纳首次出版的、彼特拉克的诗，还有一本曾给波德莱尔惹来受审之祸的《恶之花》头版书。需要特别指出的一点是，聂鲁达不仅是位自封的书迷，还是智利藏书家协会的成员，对软体动物学也颇有研究。

说到软体动物，不得不提到这一点：聂鲁达捐赠给智利大学的不但有自己的藏书，还有7 784只海螺——这一点有公证书作证：1953年11月29日，诗人曾在弗拉沃·加尔维斯公证人处公证海螺壳捐赠；目前，智利大学的聂鲁达藏品包括4 961只海螺，由院校负责外延活动的副校长处管理，并陈列在安德烈斯·贝佑总档案馆对公众开放。总档案馆馆长是史学家亚历杭德拉·阿拉亚，她曾如数家珍地给我讲述了一件件藏品和它们的由来：

> 1954年聂鲁达和智利大学达成协议的时候，诗人的藏品尚未递交给大学总档案馆的前身——智利大学中央图书馆。1956年，“聂鲁达馆”中的收藏品比两年前有所增加。海螺的数量——4 961只——是2008年智利大学正式设立“聂鲁达馆”并向国家历史遗产理事会递交申请时，档案管理人员将实物与1968年手写的

原始捐赠记录一一对比而得的。公证书是 2008 年存有的图书与原始捐赠对比的唯一法律依据。除了少数诗人明确指出、1954 年之后出版的图书以外，捐赠的图书里大部分都是 1954 年或之前出版的。“聂鲁达馆”的收藏标准以诗人的私人捐赠为准，并不包括此后档案馆馆长接受的其他捐赠；也就是说，“聂鲁达馆”的建馆概念是“私人收藏”，而不是设立一个以聂鲁达为主题的图书馆。规定收藏标准的文件的正本保管在智利国家历史遗产理事会的档案中，可供公众查阅。2009 年，理事会批准了智利大学档案馆成立“聂鲁达馆”的申请，把它视为一种无形的历史纪念碑。

聂鲁达的手稿也被认作智利国家历史遗产。诗人收藏的手稿中包括伊莎贝尔·兰波[1]向母亲询问兄长阿蒂尔[2]的信——这是保罗·艾吕雅[3]送给聂鲁达的礼物，还有加夫列拉·米斯特拉尔的《死亡十四行诗》的片段。聂鲁达曾委任他

① 法国著名诗人阿蒂尔·兰波的妹妹。兰波书信集中一部分是兄妹之间的通信，兰波死后伊莎贝尔继承了兰波的房产并成了他的遗稿保管人。

② 阿蒂尔·兰波（1854—1891），法国著名诗人，早期象征主义诗歌代表人物和超现实主义诗歌的鼻祖。

③ 保罗·艾吕雅（1895—1952），法国著名超现实主义诗人，其一首名为《自由》的诗是法国最著名诗歌之一。

的秘书，豪尔赫·桑乌埃萨做他的遗嘱执行人。目前，诗人的藏书和海螺壳安居在智利大学安德烈斯·贝佑中央档案馆。亚历杭德拉·阿拉亚·艾斯比诺萨自2010年起担任馆长。

1954年，聂鲁达获得了斯大林和平奖（后更名为列宁和平奖）。让人困惑的是，诗人对这件事几乎只字不提，仿佛对它感到羞愧。

聂鲁达认识斯大林吗？诗人在《我坦言我曾历尽沧桑》中曾写道：

> 一次，我从大老远辨认出斯大林，他总是站在同一个地方——高官们摩肩接踵的红场上。他每年的5月1日和11月7日都出现在那里。

面对历史的疑团，一瓶珍贵的苏格兰拉弗格威士忌却泄露了天机。

瓦尔帕莱索著名作家塞尔吉奥·伏斯克维克至今珍藏着一瓶聂鲁达送给他的威士忌，瓶子里还盛着佳酿。他讲起曾与诗人畅饮密谈的经历，说诗人曾把这烈酒斟在刻着 R.E. 金字的精美水晶方杯里。伏斯克维克忆起，聂鲁达曾问他：“我猜你不晓得这两个字母的意思。”作家回答说：“如果我没记错的话，这是 Regina Ecaterina（叶卡捷琳娜女皇、又称叶卡捷琳娜二世或凯撒琳大帝——*Ekaterina Alekséyevna*/Екатерина Великая）名字的拉丁文首字母。”“正是。这是我跟着斯大林参观克里姆林宫珍宝的时候他送我的。当时我看着这杯子正入迷，完全没有意识到斯大林竟令人打开展柜，把杯子取出来送给了我……”

呼唤自由的《漫歌》

1974年4月，聂鲁达离世后，我和女作家特蕾莎·阿梅尔一起到圣地亚哥机场接回国的马蒂尔德。马蒂尔德带着三十本《我坦言我曾历尽沧桑》，其中的一本还贴上了若热·亚马多《味似丁香、色如肉桂的加布里埃拉》的封面。她取出一本送给我，又给了我八本诗人死后出版的诗集——《孤独的玫瑰》、《海与钟》、《冬天的花园》、《黄色的心》、《2000年》、《疑问集》、《挽歌》和《挑眼集》。

马蒂尔德在克里雍酒店下榻——巧思宫已经是一片断壁残垣。马蒂尔德鼓足勇气修复了一间卧室，并在黑岛木工拉法埃尔·普拉萨·埃尔南迪斯——即德高望重的“拉菲塔”的帮助下开始整修她曾经的家。我和她的共处渐渐多了起来，并成了她的秘书。那时，军政府已把聂鲁达的家收缴国有，只允许马蒂尔德“暂用”。聂鲁达在黑岛的家白蚁泛滥，于是我们偷偷把图书搬出来运到巧思宫。不得不说，检查聂鲁达精美的收藏品是件乐趣无穷的事情，查阅诗人的收藏品目录更是让人饶有兴味。启程回圣地亚哥之前，我们小心翼翼地把图书搬上车。我惊奇地发现，聂鲁达的藏书中有很多独裁者的传记。问了马蒂尔德才知道，诗人曾有个未竟之愿：一段时间前，聂鲁达就酝酿着，想写一部关于独裁的深度作品，所以开始不断搜集第一手资料。诗人收藏的独裁者传记包括玻利维亚的梅尔加雷霍和贝尔苏、阿根廷的罗萨斯、巴拉圭的莫里尼戈和斯特罗斯纳、巴拉圭的“法兰西亚博士”、厄瓜多尔的加西亚·莫雷诺、委内瑞拉的胡安·比森特·戈麦斯和佩雷斯·希门内斯、古巴的马查多和巴蒂斯塔、多米尼加共和国的特鲁希略，还有中美洲的索莫查、卡利亚斯、马丁内斯和乌维科——这些暴君，都是压在崇尚自由的聂鲁达心头的乌云。

在《漫歌》中，诗人对美洲独裁者的痴迷就已初露端倪；《英雄事业的赞歌》和《黑岛纪事》中，诗人的浓厚兴趣再次显现。猜测诗人已经把自己的兴趣和朋友们分享过也不夸张——这种想法和拉丁美洲以独裁者为题的小说兴起的年代正好吻合；对独裁的关注也极大地丰富了拉美文学，这一时期的文学杰作中也不乏审视独裁的作品，比如加西亚·马尔克斯的《族长的秋天》、巴拉圭作家奥古斯托·罗亚·巴斯托斯的《我，至高无上者》、多米尼加作家马西奥·威洛斯·马吉奥罗的《卡斯塔涅达之影的模糊自传》。

而聂鲁达强烈的社会责任心，在《漫歌》的创作过程中就已充分流露：

> 本书到此结束，在这里/我留下写于遭受迫害期间/在我的祖国的地下羽翼下歌唱的《漫歌》/今天是二月五日，一九四九年/智利，“戈多马尔-德-切纳”/再过几个月/就是我的四十五岁生日[①]

有许多证据表明，已在聂鲁达心中萌芽的、对独裁者的顾虑在诗人在智利北方开展竞选活动期间演变成了深刻的憎恶。与荒原居民和铜矿工人的接触和在孕育了智利无产阶

① 译文引自《漫歌》，赵振江译，云南人民出版社，1995年。

级组织的地方游历，都对聂鲁达的政治信仰和艺术理念起到了决定性的作用，诗人的作品也表现了这一点。

1950年在智利秘密出版的《漫歌》配有何塞·万图勒里的精美插画和智利共产党总书记伽罗·冈萨雷斯撰写的“前言”。《漫歌》的出版离不开几位博学强记的党书记的工作，也离不开给国会议员和党领袖写演讲稿的幕后英雄的努力。伽罗·冈萨雷斯把聂鲁达称为“我们最伟大的灵魂工程师”。伽罗·冈萨雷斯在诗集的“前言”中写道：“这本书迫切地倡导我国作家开创一种根植于现实的新文学；这种新文学要建立在智利历史的基础上，建立在城市和农村广大工人的光荣斗争之上。”

《漫歌》开篇引用了美洲大陆解放斗争的先驱——图帕克·阿马鲁的一句克丘亚语引言。对于聂鲁达来说，智利和美洲的历史无疑是他生活和创作灵感的主要来源。聂鲁达对历史的热爱可以从他给一间爱舍的命名中看出来——这就是位于瓦尔帕莱索市莫里剧院后面的“塞巴斯提安娜”。也许，前任房东的名字塞巴斯提安·克雅朵让诗人想起了智利独立战争中悲惨的一幕：追求自由的爱国志士败北兰卡瓜，被流放到胡安·费尔南德斯岛。乘着“萨巴斯提安娜号”船含恨离去的勇士中包括伊格纳西奥·德拉卡雷拉[①]。这个猜想似乎并不牵强，因为聂鲁达对卡雷拉家族的历史了如指掌，也深受其壮举的感染。诗人还在自己的藏书《何塞·米格尔·卡雷拉[②]：倒霉的轻骑兵》上写下了对这位给智利历史打下烙印之人的评价：“你是第一个高呼自由的人。”

---

① 伊格纳西奥·德拉卡雷拉（1747—1819），智利贵族，两个儿子人称“卡雷拉兄弟”，是智利民族独立运动的功臣，拉美第一届政务会成员。

② 何塞·米格尔·卡雷拉（1785—1821），伊格纳西奥·德拉卡雷拉次子，智利独立战争功臣、智利开国元勋之一。

苏共第二十次大会

苏共第二十次大会召开：开幕宣言致辞后，斯大林的一番发言把聂鲁达的公民之心搅得不得安宁。诗人心中产生了巨大的疑问；之后，他再也没有写过以前那些赞歌了：

出了什么事？怎么回事？怎么会出这种事？
这怎么可能？

（《恐惧》）

诗人曾经给斯大林创作了很多赞歌，也在《漫歌》等诗中歌唱了追随他的群众：

古老的克里姆林宫里有三个房间

里面住着一位名叫约瑟夫·斯大林的人。
他的房间里的灯光迟迟不灭，
世界和他的祖国不容许他休息。[1]

但随后，聂鲁达崇尚自由之心开始反叛，甚至对斯大林的个人崇拜感到愤怒：

那些长着八字胡、穿着靴子的神灵
的石膏雕像
那些洁白无瑕的长裤
都是现实主义的奴仆所熨！

（《恐惧》）

之后，在《黑岛纪事》和《我们曾沉默》中，诗人迫不及待想要消灭一切邪恶，但他以《圣经·传道书》口吻的写作却又出现了误判：

醒悟是一种痛苦。
——这我们明白：

① 译文引自《漫歌》，赵振江译，云南人民出版社，1995年。

每个从阴影冒出的信息，

都给了我们必要的痛：

谣言变成了真相，

黑暗的门里光辉普照

痛苦也被抚平

上面这几首诗选自《批评奏鸣曲》第五部里的《插曲》。把二十世纪历史中充满羞愧和耻辱的一个篇章叫作《插曲》——尤其是违反社会主义合法性，与光荣、梦想、信仰背道而驰、充斥着死亡和酷刑的篇章——这让人难以接受：在那个时代，多少苏联人高喊着“斯大林万岁”倒下，波兰和乌克兰共产党中央委员会被解散、苏联红军的将军首领惨遭暗杀，两万波兰军官和士兵在枪林弹雨中倒下，苏德签订互不侵犯条约，都是这时代沉重的笔画。

对于聂鲁达来说，这一篇章并未成为过去；事实上，这段历史影响深远。当乌拉圭杰出的女记者玛利亚·艾斯特·吉格里奥问聂鲁达对1968年苏联进攻捷克斯洛伐克的看法时，诗人说他由于“共同的事业在感情上与苏联团结一心”，并说自己曾作为政治难民在捷克斯洛伐克生活了一年多的时间：

> 我对这两个国家都很热爱。你想，如果爸爸妈妈吵架，你问孩子谁对谁错，这是很残酷的。两个国家的分歧让我很难过。我希望这一切快点搞清楚、快点了结。我反对一切以暴力解决问题的手段……

诗人天真的看法、可悲的比喻与沉重的现实简直风马牛不相及。聂鲁达的立场和智利共产党中央委员会对成员的期待一致；他仿佛不敢越雷池一步。尽管如此，聂鲁达在诗中有时也不经意地透露出某种困惑和惊愕，就像在《世界尽头》（1969）诗集里《一个记者之死》中写到的：

> 听说内彭尼亚夫斯基
> 死在了去布拉格路上的坦克里
> 在那可憎的现实中
> 他仍守在打字机旁。

诗人为一位记者朋友的死而心痛，但对布拉格作为一国之都所面临的危险无动于衷。诗人禁不住表达自己因崇拜镇压普通人尊严的“伟人”形象而感到的羞耻：

百万幅拙劣的斯大林画像
他美洲虎般的八字胡
盖住了白雪茫茫。

诗人试图用外在因素解释自己态度的转变：

我们热爱他坚毅的前额
却不知那格鲁吉亚人的浓眉下
皇权的容貌
恐怖的地图
正将我们分割

（《崇拜》II）

这本诗集不像聂鲁达其他作品那样出名。它用一种预言般的语气结尾：

我死了，就像所有的亡灵一样
因此我能够重生

来完成我的遗愿

和我不屈的希望……

我已厌倦太多的来来往往

我们将在最苦涩的星球上

找到快乐

大地，我吻别你。

但不论是悲伤还是苦难，都动摇不了诗人对自己信念的坚定。聂鲁达仍然抱着他一如既往的乐观态度，疾病、挫折都无法阻挠他对“不屈希望”的信心；诗人热切地相信，他能在充满苦难的世界里寻找到快乐。这激情源于诗人与万物之间的共鸣。诗人坚信，他代表地球上所有的人，他熟知所有的手艺，他能切身体会天地间一切悲喜——诗人深刻理解人类和自然的本质。

秘密情人阿丽西亚

智利政变四十年、同时也是聂鲁达逝世四十周年时，阿丽西亚·乌鲁蒂亚在马里奥·卡洛萨律师的要求下录口供，来帮助官方确定聂鲁达的死因——是由于癌症而死还是被皮诺切特独裁政府的间谍毒死。四十年不能忘却的记忆，铭记在心里，也镌刻在身上。

聂鲁达在圣玛利亚医院病危的时候曾支开妻子马蒂尔德去两人在黑岛的家里办事。同时诗人托他的秘书、朋友沃梅罗·阿尔瑟帮他实现最后的心愿——见阿丽西亚最后一面。在阿尔瑟的陪同下，阿丽西亚来到了聂鲁达的病榻前，诗人终于能够告别他最后的缪斯。马蒂尔德得知后，对阿尔瑟恨得咬牙切齿。

聂鲁达头戴草帽、腰挎手枪扮成牛仔给大家斟上果汁喷趣酒，
智利黑岛家中，1970 年。
出处：智利国家图书馆作家档案

那是1967年的夏天，我和丈夫带着三个年幼的孩子来到黑岛度假。不久后，我们认识了聂鲁达——不愧是诗人，他把这太平洋边上几乎无人知晓的小岛变成了全世界趋之若鹜的名胜景点。一天午后，我们收到一份令人喜出望外的邀请：聂鲁达说要带我们最小的女儿去他家里做客，说“让小朋友陪（他）太太的外侄孙女罗莎里奥玩玩”。我们爽快接受了。娇小的女儿牵起魁梧高大而心宽体胖的诗人，蹦蹦跳跳地出发了。我们之前已认识阿丽西亚——聂鲁达妻子的侄女，她总是安静地坐在缝纫机旁修补衣服。阿丽西亚话不多，看上去不到三十岁，一张清秀的脸，中等个子，一头栗色的秀发，向来素面朝天。阿丽西亚算不上美人，但她的女儿罗莎里奥却有着亮丽的红发，梳着两条小辫，精致得像个娃娃。

傍晚，聂鲁达送女儿回家，并邀请我们共进晚餐。女儿没能完成“陪玩”的任务，说“叔叔家好看的东西太多了，他有只好漂亮的大鞋子、一匹真正的大马，还有好多玻璃瓶子里的船……我就没顾上和小朋友玩”。我们安顿孩子们睡下，来到聂鲁达家里。杯光碟影之间，我禁不住夸奖罗莎里奥可爱的红发，马蒂尔德听了，丝毫不掩饰她的自豪，说这和她小时候的一头红发一模一样（很难不把聂鲁达当年匿名出版的《船长之歌》序言作者和主人公——罗莎里奥，一个美丽的红发女子——和眼前的这个娃娃联系起来）。

我们在聂鲁达家的吧台里品尝着各种开胃小吃，坐在刻着已故诗人名字的木梁下，听着诗人富有激情和幽默感的话语，仿佛沐浴在一种艺术的光辉中。随后，我们走进餐厅就餐，却意外地发现没有阿丽西亚的身影。虽然阿丽西亚是马蒂尔德的侄女，但由于贫困而在这个家里低人一等：她给聂鲁达夫妇缝洗衣服，聂鲁达夫妇给她提供免费的食宿、顺便偶尔帮她照看女儿。这也就是说，阿丽西亚的处境介于用人和穷亲戚之间。我每次到聂鲁达家做客，总能看到沉默寡言的阿丽西亚独自坐在一边缝缝补补，而马蒂尔德则不停地操着她的女高音使唤来使唤去，好像生怕别人不知道她是这个家的女主人——一个精明能干、一丝不苟的女主人。

那年夏天成为了我们最美好的回忆之一，尤其是聂鲁达激动人心的话语和他在黑岛之家创作、后来纳入《大地上的居所》的诗篇，以及他无穷无尽的才华……但时间的推移和柴米油盐的琐碎把这闪光的记忆锁进了尘封的角落。

***

阿丽西亚早早就起了床：她喜欢看朝阳第一缕慵懒的曙光照在清晨的海上。她凝望了一会儿大海，然后起身照镜子。阿丽西亚有着白净的脸庞，浓密的眉毛，好久以来——准确地说是从得知自己怀孕以来就不再涂脂抹粉了。她忘不了那段日子：刚刚还沉浸在初为人母的喜悦中，就因未婚先孕被家人抛弃，取而代之的是恐惧、沮丧、羞愧，而随后则是绝望的深渊，只有腹中成长的婴儿给了她唯一活下去的希望。她用时间一点点淡化了对孩子生父的记忆，却从来不掩饰对他的排斥和鄙夷。许多年以来，只要一提到孩子的生父，她总是一阵喉咙发紧，泪水不争气地流下来。而她的家庭也怨恨她、以她为耻。对她打击最大的是父亲弗朗西斯科，得知真相后对她破口大骂。阿丽西亚简直不能相信自己的耳朵：爸爸明明是左派思想的斗士，口口声声说捍卫妇女的权利、坚信人人有追求爱情的自由，但作为一个父亲却摇身变成了最无情的人，说她羞辱了自己，说她让他在所有人面前抬不起头来。

好在阿丽西亚做得一手好针线活，使得她在人见人嫌的那段日子里仍然能够自食其力。根据当时智利社会的风俗，很多人雇佣“自家裁缝”——虽然薪水微薄，但包吃包住，还有坐公交的零用钱。阿丽西亚来到聂鲁达夫妇一家后，慢慢把那暗无天日的时光抛在脑后，重新拾起对生活的希望和对自己的信心。有时，她甚至觉得自己是幸运的——如果不是因祸得福，怎能来到这样一个静谧充实的地方！在聂鲁达黑岛的家里，阿丽西亚第一次见到了大海，感受到了太平洋岸边的寂静与平和。阿丽西亚的姑妈马蒂尔德不是个说话婉转甜蜜的女人，但眼看侄女勤恳有礼，于是把她接到自己和聂鲁达在黑岛的家里做裁缝。虽然这不是什么美差，但在这个风景如画的地方能够衣食无忧地生活，却是金钱买不到的，于是阿丽西亚欣然接受。不久，罗莎里奥上了当地的公立小学，事实证明她是个勤奋努力的学生。

阿丽西亚常常忙得不亦乐乎：她每天辛勤缝补的时候，马蒂尔德还在卧室里，不是慢慢享用早餐，就是看报纸，或者写下当天要做的事情：回复信件，或是邀请朋友来家里聚餐。马蒂尔德是个做事极有条理的女人，喜欢面面俱到地规划一切家事，不论是要买什么菜，还是花园里、家里要修理些什么东西，都写得一清二楚；每次去邮局都不忘带着笔记本，本子上写着所有收信人的地址。

阿丽西亚很快爱上了海岛风光——每一朵花、每一株果树、每一片秋叶都令她心驰神往。姑妈去圣地亚哥的日子里，她就成了自己时间的主人和黑岛之家的女一号：可以躺躺姑妈舒适的大床，有时还能看看报，或者翻翻书。阿丽西亚自从辍学以来很久没有读过书了，而在聂鲁达黑岛的家里，她几乎被琳琅满目的图书和艺术品掩埋。而阿丽西亚连做梦也没有想到，她会在这里遇上她一生中最为珍贵的经历；相比之下，阿丽西亚之前的生活像是一件打满补丁的褴褛衣衫。一个秘密的萌生使阿丽西亚的嘴角不禁浮上微笑。

他们谁也没有主动追求什么，但机缘巧合却安排他们相遇了，而默默萌生的爱情也从暗流涌动慢慢成为了即将吞噬一切的汹涌洪流。时间仿佛凝固了，阿丽西亚仿佛成为了昔日的自己，没有了一直以来萦绕心头的恐惧，她开始相信生活不都是苦难和荆棘，而也有着安宁的彼岸。一开始，她不敢相信六十五岁的诗人注意到了她，而聂鲁达的目光，也点燃了她心中的热火。随着对诗人了解的加深，她开始对聂鲁达有了一种特别的感情：阿丽西亚在年龄是自己两倍多的聂鲁达身上看到了父亲的形象。很快，罗莎里奥和聂鲁达也受到了这种情感的感染：小小的罗莎里奥在聂鲁达身上看到了她缺席的父亲和外祖父。

与此同时，阿丽西亚也目睹了诗人在黑岛短短几年中经历的变化：一开始，聂鲁达面容憔悴，即使故作欢笑也掩饰不住内心的苦闷和失望。但随着时间的推移，这阴霾就像乌云一样随着日出而烟消云散——就像聂鲁达在诗中所说的，他从“苦难的高塔”中渐渐走出。聂鲁达仿佛年轻了好几岁，而阿丽西亚也受到了这种热情的感染，并感受到一种前所未有的信心——对自己身心、情感和生活前景的自信。她不再是那个羞愧、自责的弃女，渐渐散发出自信女人的魅力；而聂鲁达也被她深深迷住了。

每当夜深人静之时，阿丽西亚总是独自一人，取下时时刻刻挂在脖子上的小钥匙，打开行李箱，拿出金色细绳绑好的一个蕉麻纸包。她小心翼翼地解开细绳，缓缓展开一块诗人送给她做连衣裙的丝绸，包裹里还有一本相册。

她温柔地轻抚这本封面上用德语写着“明信片集”的簿子。相册里其实既没有明信片也没有相片，而是有着十四页用绿色墨水手写的诗篇——《黑岛诗集》，日期是 1969 年。这是诗人送给阿丽西亚的生日礼物。阿丽西亚出生于 1934 年 10 月 5 日；以前，每年的这个日子，她总觉得自己来到这个世上就是为了受苦受难——艰苦的童年，没有宠爱，没有呵护，只有苛刻和严厉。但那一年，阿丽西亚第一次感到了生活的美好，她用崭新的双眼看到了自己来到世上的意义。

阿丽西亚背下了诗人献给她的所有字句，但她还是不厌其烦地一次次阅读诗人的笔迹，仿佛每次都能从字里行间发现新的奥秘。每一行、每一句都照亮了她蜗居的黑暗角落，而这光明是充满了温情的——既不刺眼，也不让她感到自己被暴露在光天化日之下。随着诗句，她乘着梦的翅膀，从一老一少、一花一草中渐渐看到了爱与真谛。

你的梦里长出蓝色的浪花

我把她们保存在这本遗失的书里

我收集你的泪花

她们飞向一个盒子，

它就埋藏在只有你的身影才能到达的花园里[1]

阿丽西亚重新用丝绸包好她的珍宝，系上金色的细绳，放回行李箱并用小钥匙锁好。将来，她要定做一个特别的盒子，好好地收藏这份礼物。

黑岛这里，有浪

点缀着星星，带来你的记忆，

天空的女眷[2]

诗句的甜蜜仿佛融化了她短暂而艰苦的一生中内心所冻结的坚冰。每一个绿色墨水书写的字，都是满载着希望的信使，告诉她所有的痛苦和不幸都将离她而去。字字句句就像她和诗人之间那心照不宣的沉默，那私密的耳语，让她的内心越加柔软温热。

一次，给诗人书桌掸尘的时候，阿丽西亚忍不住看了

---

① 译文引自《黑岛诗集》，鹰子译。
② 同上。

绿色墨水写下的诗句：

正因如此，我献上
邪恶法官的王冠，他从不取悦任何人
不论是小偷强盗还是他威严的妻子
我没话找话，恶言相向

又喜又怕的阿丽西亚咀嚼着字字句句，就像发现了一个秘密的世界，而自己仿佛变作了幽灵，能够穿墙过镜，进出自如。

我攻击了你，你袭击了我
冰冷的刀刃，我何时才能换下你
让你的缺憾，像
切开的血管一般，喷流不息……

突如其来的动静让阿丽西亚吓了一跳，她环视四周，蹑手蹑脚地回到缝纫机旁。偷读到的诗句在她耳畔轰鸣。她虽然不懂诗句的含义，但她确信，诗人被一种莫名的痛苦深深困扰着；挥之不去的厌倦，就像一种尚未浮现的恶疾，而聂鲁达却用诗句悄悄把苦衷倾诉给她：

在日夜的乱舞之中，生活离我的生命而远去

是的，诗人提到过这一点。聂鲁达不认为死亡是件遥不可及的事情，他不追求、不盼望死亡，但深知它不远了。但最重要的是——他也和阿丽西亚提过好几次——他尚能沉浸在她带来的快乐之中，沉浸在他原以为已经弃他而去的快乐之中。他告诉阿丽西亚，不论发生了什么，她都不应忘记这真切的感受。每一天，阿丽西亚都对自己说，要呵护自己心中快乐的火花，不让任何事情浇灭它。

有时，阿丽西亚喜欢踮着脚尖，端详她熟睡的女儿：罗莎里奥的小辫散了，一头不羁的红发铺满枕头。她马上就满九岁了：时间真是不等人。凝视着女儿可爱的容颜，阿丽西亚觉得，为了她，自己受的一切苦难、做出的所有牺牲都是值得的。罗莎里奥是个幸福的孩子，有教养，学习好，从来没有什么不开心的事情，还是姑父爷巴勃罗的掌上明珠：巴勃罗给她讲故事，和她一起画画。学校放假了，她想念她的小伙伴们，寂寞得书也看不下去，心里只想着和其他小朋友玩。阿丽西亚有时意识不到，一整天的光阴如何从指缝中流过。出于她自己也说不清道不明的原因，她第一次开始关注身边广大民众所经历的一切。

诗人决定竞选总统后便开始游历智利每一个角落，并面对成千上万的人民发表激动人心的演讲。一天，阿丽西亚忙里偷闲去亲自参加了一场集会。在许多民谣歌手献完唱后，诗人走上讲台。一位组织者解释说，本次集会仅仅限于竞选宣传。阿丽西亚不懂政治，但她一听到聂鲁达平实、明了又优美的语言道出劳苦大众所面临的挣扎和那字句之间涌动的诗意就激动不已。人们热切地希望听聂鲁达讲自己的主张，但聂鲁达明白，面对“老百姓”，他不能直接谈自己政治和经济上的立场，而是应该选取更加平易近人的语言来与听众平等交流。最后，聂鲁达决定朗读自己的诗，而最能触动在场男女老少的正是这艺术的语言。不久后，当阿连德宣布开始竞选总统后，聂鲁达主动退居二线，全力支持盟友的竞选。对于智利来说，阿连德——第一个通过民主选举产生的社会主义领导人——是一个梦想的实现。很快，聂鲁达黑岛的家成了来自世界各地作家、艺术家和记者的聚集地，虽然诗人有时发牢骚说访客让他不得安宁，但其实心里还是高兴的；阿丽西亚也是，直到那个改变了一切的早上。

一天，马蒂尔德悄悄回到了家，一进卧室就开始呼天喊地，连推带搡地把阿丽西亚往外轰。吓傻了的阿丽西亚慌乱之中抓起被子遮住裸露的身体，但无法挡住姑妈雨点般的痛骂。诗人蒙着头蜷在被窝里，像个无助的孩子。

“你现在就给我滚！”

阿丽西亚鼓起勇气说：

“那，你起码先等我接上孩子再走……”

马蒂尔德立刻暴跳如雷，使出浑身的力气咆哮道：

“你这不要脸的强盗，现在就给我滚！带上你那小兔崽子，永远甭想出现在这个岛上！”

看着马蒂尔德一脸残酷、想和她拼了的样子，阿丽西亚才意识到，本以为自己什么都能忍了，但是她承受不了别人这样侮辱她的女儿：罗莎里奥难道不像别的孩子一样有着血肉之躯，是妈妈的心肝吗？没有爸爸，她的女儿就注定永远低人一等吗？从那时开始，阿丽西亚变了；为了保护女儿，她像一头受伤的母狮子一样，随时与想欺负罗莎里奥的人决一死战。而眼前这个骂她强盗的女人，却不明白谁是真正的受害者。

事后，阿丽西亚火速离开了黑岛，前往圣地亚哥。她租了一间小屋子，然后不知疲倦地找回了她搬家时曾托人保管的物品——虽然有些人因为对寄存的物品日久生情不愿意退还给她，但阿丽西亚还是找回了她最重要的几件东西：一架缝纫机、一张床、一张桌子和几把椅子。因为她带着孩子，很多人不愿意给她提供吃住的工作，要求她出示各种证明、推荐信……阿丽西亚不得不像蜗牛一样带着家当到处游走；但她丝毫不认输，只要有活做就来者不拒：擦玻璃、浇花、做饭、织毛衣、缝补衣服，就连遛狗的差事也不嫌弃，还在一个服装车间打过“黑工”，给人缝过帆布裤子。终于，一对急着出国的夫妻让阿丽西亚帮着看房子，她这才有了像样的落脚之地。

虽然与相爱的人分开了，但阿丽西亚和聂鲁达仍然通过书信相互倾诉着对对方的深情。聂鲁达被派往法国出任大使，也不忘时不时悄悄地给阿丽西亚寄信、寄礼物。每当收到诗人的信物，阿丽西亚都告诉自己，她因为有爱而不再孤单。她为情而伤，却也因为爱情而有了活下去的动力，就像不久前让她感到自己有勇气与全世界对峙的那种动力。一天，她决定给聂鲁达写信。

我亲爱的巴勃罗：

我希望这封信能在7月12号你生日这天送到你手上。亲爱的巴勃罗我希望你幸福。每日每夜每分每秒，不管你在哪里，不管你跟谁在一起，我都希望你幸福。我会想着你，我爱你就像爱自己的灵魂。因为我这么爱你，这么想你，我的心都温暖了起来。我心爱的爱人，我的亲吻轻抚着你身体的每一寸皮肤。我爱你我的爱，爱，爱。你的阿丽西亚，爱你的阿丽西亚。

此时在大洋彼岸，刚获得了诺贝尔奖的聂鲁达正在赴宴的路上。阿丽西亚只知道，聂鲁达不但应得诺贝尔奖，还值得许许多多的荣誉。她不知道，就在这喜庆的

聂鲁达在智利驻法国使馆工作照，
法国巴黎，1972 年。
出处：智利国家图书馆作家档案

时刻，马蒂尔德接到了聂鲁达癌症的诊断书，并决心不惜一切代价向丈夫隐瞒实情。不久后，聂鲁达夫妇回国；但阿丽西亚发现，虽然距离近了，可与她的心上人通信却更困难了。

很快，智利政变爆发了。总统逝世，聂鲁达也撒手人寰，还有数以千计的人死在独裁暴政的铁拳下。

在聂鲁达的葬礼上，阿丽西亚用披肩掩好脸庞，混在给诗人送葬的队伍里缓缓前行。通往墓地的一路上，阿丽西亚感到无尽的悲痛，但这悲痛也默默地给她注入着一种莫名的力量。

聂鲁达的死，击溃了阿丽西亚理智的最后一道防线。她拒绝相信，她再也无法收到心上人的书信、给她或者给罗莎里奥的小礼物，也再没有知情的熟人帮着聂鲁达偷偷传递爱语呢喃。政变后，在草木皆兵、人心惶惶的日子里，阿丽西亚确信，再没有人在乎她。阿丽西亚开始自言自语，仿佛忘了自己再也见不到聂鲁达，却认为冥冥中在和他对话。爱之至深，留下的伤痕也许永远不会痊愈……

一天，阿丽西亚得知，一本书中提到了自己的名字。她像疯了一样跑遍了所有的书店，直到找到“罪证”，越看她越感到胸中怒火中烧——自己的秘密居然被暴露在光天化日之下！一个不认识她、但是帮过聂鲁达给她传信寄礼物的男人决定背叛朋友的信任，写了书来大肆渲染他们之间的爱情，还有聂鲁达妻子意外捉奸时的闹剧。作者还称，事后马蒂尔德亲自找了总统，要求把聂鲁达派到国外，最好当个什么驻外大使……

阿丽西亚不明白，男女之间自然发生的爱情，为什么不能得到尊重？这难道不是他们两个人之间的私事吗？这为什么要公之于众？她又惹了谁、妨碍了谁？作者凭什么觉得自己有权利以这种方式给诗人抹黑？阿丽西亚一想到这些，就按捺不住心中的愤怒和对自己无能为力的痛恨。一波未平一波又起，另一位自称聂鲁达密友的作家也出了一本书，比上一本更添油加醋，甚至宣称自己目睹了阿丽西亚被扫地出门的一幕。而阿丽西亚在他们眼里，不过是赚钱的笑料。

屋漏偏逢连夜雨。一天，有人带着摄像师和摄影记者追到了阿丽西亚家门口，捶打着门要她开门，要她出来示众，劈头盖脸地抛来一个个问题，要她给大家有个交代。这些人想彻底夺走她的隐私，高声质问着她的秘密。领头上门的人二话没说就把阿丽西亚的名字写到了书名里，并把她的私生活和身世揭露得体无完肤。

而这仅仅是噩梦的开始。不久，阿丽西亚写给身在巴黎的聂鲁达的信也被公之于众。阿丽西亚做梦也没有想到她最私密的话语会落入不怀好意的人手中，并成为公众唾弃她的铁证。有人甚至从文学角度来对她的信评头论足，抓住她的句法标点错误不放，说她的信“文学价值为零”。阿丽西亚认为，自己所做的，仅仅是用她所熟知的语言表达自己的想法，就像聂鲁达教给她的那样，只是说出了真话而已！她无法相信，这些不请自来、闯入她生活的人，为了一本叫座的书，一篇热卖的报道，来毫不羞耻地窥探她的生活。也许她想象不到，居然有这种没有原则、以爆料别人生活为己任的人。难道这一切都是为了哗众取宠，为了赚几个钱？

虽然被推向绝望的深渊，但阿丽西亚仍然明白，对已故心上人表达敬意的唯一方式就是好好地活下去：直面现实，让世人知道，是爱情给了她面对一切的勇气和力量。

一天夜里，阿丽西亚梦到怒发冲冠的马蒂尔德搜查了聂鲁达所有的藏书，一页也不放过，疯狂地寻找能作为诗人地下爱情证据的一切书信、照片和阿丽西亚在黑岛之家暂住时留下的一切痕迹。梦中，大火烧毁的衣服、玩具和诗篇的灰烬铺天盖地向她飞来，熊熊烈焰想吞噬那场激情的每一丝迹象。醒来时，她嘴里像念咒一样喃喃背诵着聂鲁达写给她的诗：

遗忘之树，就在这里

我取其一段木，刻上你的名字[①]

阿丽西亚决定带着女儿远走他乡。出国是不可能的，但她的一点储蓄可以送她到离圣地亚哥最远的北部，到一个没人认识她的地方。又一次，她心中的爱给了她面对人生剧变的勇气：除了在心上人的诗中读过那从不开花的地方、布满硝石矿的荒原和各种矿业公司办事处，她从未踏上这片广袤沙漠覆盖的土地。

阿丽西亚决定在智利和秘鲁边境的一座城市落户。习

① 译文引自《黑岛诗集》，鹰子译。

惯了像蜗牛一样背着家当四处游走的阿丽西亚很快建立起她的小家，开始不知疲倦地工作，直到罗莎里奥长大成人。罗莎里奥还是那个快乐的小姑娘，有自己的朋友，时不时结伴去跳舞或者去海滩上聚会。她把自己晒得黑黑的，肤色简直像海带，连小雀斑都要和肤色融为一体了。

随着时间的推移，阿丽西亚习惯了旱季，习惯了放眼望去不见一丁点绿色的景象。这里没有南方的树林和漫长的雨季，没有晨霜暮霭，也不怕火山喷发。一日，阿丽西亚得知，又有一本新书提到了她。千方百计买到后，她发现那和以前的书一样：自称“朋友”的作者明目张胆地在一个访谈中说她是被姑妈“踹出去的”。这怎么叫人相信？如果身为政治领袖和聂鲁达心腹朋友的作者真的目睹了那一幕，怎么会写书吹嘘自己是“知情人”，而且面对受害者袖手旁观？这样的人也能自称是正义的捍卫者？还是作者的意愿就是以目击者自居把阿丽西亚描绘成一个玷污了聂鲁达的肮脏女人，并宣称亲眼看到蒙羞的马蒂尔德骂丈夫和不干不净的女人鬼混得病？难道友人的死亡意味着友谊不再、背叛有理、所有生前保守的秘密都能毫无愧疚地泄露出来？也许事实正是这样，这位努力掩饰自己滥用他人记忆来吸引注意力的真实目的的“朋友”，不过把内幕作为卖点罢了。

而令她愤怒的还不止这些。这些热衷炒作的人戴着卫道士的面具，自称捍卫传统、捍卫道德、尊崇婚姻神圣，却在不认识她、没见过也没听说过她的情况下凭自己的想象把她描绘成水性杨花、蛇蝎美人，甚至是老男人意淫的对象、娱乐丑闻的女主角。她成了这些人投射其最龌龊幻想的一张白纸，掩饰其内心丑陋的一块遮羞布——如果他们原形毕露，也许剩下的只有可悲。

阿丽西亚想不明白的一点，是看上去并无恶意的人怎能猎奇他人生活，并按照自己喜好添枝加叶而乐此不疲。这些人不知道她的想法，不了解她的成长历程，也不懂生活，不明白就算生死相隔，爱情也能丰富人生，给予人力量。她又一次感到，自己仿佛被扒光了衣服推搡到了众人面前受审；不，事实比这更残酷，她感到这些人简直是要把她的皮剥下来。自称诗人朋友的人说起谎来连眼睛都不眨，包括那个炫耀发现“地下恋情”的第一人。如果聂鲁达那么信赖他，甚至把他心上人的名字和地址都透露给他让他帮着送信，他怎么好意思背着朋友做出这种事？这些人虽然人前嚣张，却没有谁当面对她说过些什么。也许她注定要接受诗人所言的“保持缄默”的命运安排，直到永远。她的脸孔虽然躲过了摄像师、摄影师的追踪，但媒体报社大咖仍不断召集“诗人的密友们”无休止地挖掘他们之间的事；甚至一个以捍卫独裁为己任的女撰稿人也忽然自封聂鲁达爱情方面的专家，并开始对她口诛笔伐。

一天早晨，身心俱疲的阿丽西亚决定打开她珍藏多年的相册，重读聂鲁达写给她的诗。绿色的墨迹仿佛是褪了色的叶子——还是因为她上了年纪，眼睛不好了？令阿丽西亚自己也感到惊讶的是，她曾经时刻感到的、自己和深爱的男人之间的联系仿佛被时间冲淡了，而她心中诗人的形象也不像过去一样笼罩在光环之下。过了几天，她重新打开了相册。这次，她感到相册不过是个精美却平凡的物品，而不是她的一部分；一直以来笼罩着它的魔力和神秘感也已消失殆尽。也许，时间侵蚀了那些诗篇，把那些美丽的字迹变得模糊而暗淡，就像那硝石矿区墓地里的纸花。爱情是不是也像夹在书里的花瓣，或者沙漠里的木乃伊一样，随着时间的推移而变得干枯苍白？但就算干枯苍白，他们也能跨越世纪，见证曾经逝去的真情，让子孙后代能够回顾这段历史，尊敬甚至景仰它。也许是因为这样，她一直珍藏着她爱情的见证。

一次，得知有人高价收购聂鲁达手稿以后，阿丽西亚下定了决心：如果能卖个好价钱，她就与这相册天各一方，而她也刚好需要钱解决自己和女儿的手头之急，并给心爱的外孙们买点必需品。她知道，有些东西比物品更有价值，尤其是没人能够描述、拷贝、拍卖的东西。阿丽西亚坚信，如果岁月不故意弄人、不把晚年的她折磨成一个健忘到连自己女儿长什么样子都不记得的老太婆，她就能一直珍藏着自己对那份刻骨铭心爱情的记忆，那份纯真甜蜜感情的回忆，就像香水用完后，瓶中仍然余香萦绕一样。

经过深思熟虑后，阿丽西亚动身前往首都，把聂鲁达的手稿卖给一个她信赖的买家，又不忘嘱咐他要对手稿守口如瓶。但不久后，阿丽西亚得知买家是个收藏家，出高价收购诗人手稿后同意接受媒体采访，并透露了手稿的详细信息和对聂鲁达诗句的赏析。报道一登出，污言秽语就像暗箭一样四处射来。文章已经发表了，作者还不知疲倦地鼓吹，“聂鲁达是条不忠的蛇蝎，他妻子的侄女也不是什么好货色。”又有诗人笑里藏刀地说：“这独一无二的相册虽有着很高的收藏价值，但相册里的诗写得可真是不敢恭维。”之后，阿丽西亚得知，“闲人们”千方百计想搜集她写给聂鲁达的情书，有人甚至估算了情书的数目，幻想着某个角落还藏有许多聂鲁达写给她的诗。

卖掉她多年里视为珍宝的相册以后，阿丽西亚感到浑身轻松，仿佛卸掉了千斤重负。她把自己从一切代表过去的桎梏中解放了出来。时间的推移和岁月的积累使阿丽西亚感到难过，但她并没有丢掉一贯以来随遇而安、勇往直前的心态。直到她生命的尽头，阿丽西亚一直保持着低调。儿时遭遇的火灾和年轻时候的情变都没能打倒她。阿丽西亚就像一棵扎根于地底的树，是个自主、自立的女人；她直面恐惧，在困境中也能从容镇定。晚年的阿丽西亚怀着对女儿和外孙的挚爱，直到安然辞世。

诺贝尔奖与安第斯鸿鹄

伴着70年代初世界对智利的浓厚兴趣，在各种“天时地利”作合之下，我获得了前去报道诺贝尔奖颁奖典礼的机会。作为《世纪报》的文化记者，我受到《火花报》的邀请前往罗马尼亚。报社主编塞尔吉奥·维叶加斯通知我从德国前往斯德哥尔摩去报道颁奖典礼。让我惊讶而不解的是，智利国内的媒体对聂鲁达获得诺奖表现出一种不温不火的态度，而拉美的媒体也是一样。其他拉美国家连一名记者也没有派去，于是我成了唯一在聂鲁达获得诺贝尔奖时在场报道的拉美记者。

在罗马尼亚的几天里我进行了多次报道。奥尔特尼亚地区之旅让我至今难忘：在巴黎参观了康斯坦丁·布朗库西[1]的工作室后，我特意来到霍比查——雕塑家出生、成长的小村子。布朗库西还是一个孩子的时候，就能雕刻出精美的木制品，家里的各种日用品都是他亲手雕刻的，而家里人穿的正装、用的抹布，都是女人们亲手织布、刺绣而制成的。村庄的附近是特尔古日乌城，城里有三件布朗库西的代表作：寂静之桌、亲吻之门和无穷之柱。（这使我突然想起一件相比之下并不那么重要的事：曾在布加勒斯特，我成了第一个采访尼古拉·齐奥塞斯库的拉美记者。）

到了德国后，我参加了莱比锡电影节，观看了好几部罗曼·卡门指导的纪录片。其中，记录德国纳粹入侵的纪录片给我留下了最深刻的印象：那是1941年的6月，乌克兰正沐浴在夏日丰收的谷香之中，闯入的德军军队和坦克却把她笼罩在乌烟瘴气下 。巴巴罗萨行动让完全没有戒心的人民惊恐不已。

我辗转到了巴黎去采访聂鲁达，却不巧得知诗人已经离开了智利驻巴黎大使馆，动身去了伊通河畔孔代，于是

① 康斯坦丁·布朗库西（1876—1957），罗马尼亚雕刻家。

我索性享受在巴黎的时光：去剧院观看让·路易·巴霍[1]的作品，去卢浮宫看毕加索的作品，去画廊看费尔南·莱热[2]一生的作品展。

在智利，聂鲁达在法国买下了一座城堡的谣言像雪球一般越滚越大，就连文学评论家阿洛内也中了圈套，专门撰文谴责诗人的狂妄奢靡。国内有人甚至说聂鲁达已经提前把诺贝尔奖奖金花光买了座房子。事实上，所谓的城堡不过是一个封建时期领主庄园里小溪边一间马厩和一座风车。聂鲁达渴望接近自然，每次从外交事务中脱身就来到这片自己的小天地，还给它取名为“曼凯尔”。

作为大使，聂鲁达不仅大力开展文化活动，还发挥了他的政治才干，尤其是在巴黎俱乐部——负责协调债权国和债务国的非正式组织——的会议上代表智利处理我国外债的重新谈判和协调付款。

而聂鲁达所获的诺贝尔奖，不仅仅是智利人的高兴事，

① 让·路易·巴霍（1910—1994），法国导演、演员、编剧。

② 费尔南·莱热（1881—1955），法国画家、雕塑家、电影导演。

也让与聂鲁达友谊深厚的拉美人和许多法国人欢欣鼓舞。

> 我曾写过很多自相矛盾的事，多到从任何一个角度都能把我的文字击垮……我是一个人，我生活在一个变革中的社会。为了履行我的职责，我不得不参加各种各样的活动、庆典等等……但我不想冒充受害者，因为我喜欢一切盛大的活动。但是，没人能怀疑我对我的想法、我国人民和我的斗争的忠诚。

聂鲁达在抵达斯德哥尔摩前夕接受瑞典电视台访谈时如是说。诗人上了一档名叫《鸟儿巴勃罗》的节目，并接受曾旅居智利并翻译过聂鲁达、帕拉、特里耶尔等等智利诗人作品的瑞典女诗人思恩·阿塞克森采访。

在斯德哥尔摩期间，虽然我并不懂瑞典文，却也能多多少少感受到在这颁奖典礼前夕，主持国通过电视广播节目对智利和聂鲁达表达的敬意和热情。智利驻瑞典大使路易斯·安立奎·德拉诺一大早就和夫人罗拉·法尔肯去机场接我，又热心地腾出儿子波利探望父母时睡的卧室给我暂住。路易斯·安立奎发给我各个活动需要的请柬和记者证。大使和夫人当晚有活动，于是我独自待在大使官邸看电视。那时，智利还没有彩电，在瑞典电视里看到的一切仿佛比现实还要美。

第二天早上，我们提前抵达机场。大使看上去很激动。瑞典作家阿图尔·伦德奎斯特和记者们也早早前来给聂鲁达接机。伦德奎斯特讲起，他从1946年到圣地亚哥给加夫列拉·米斯特拉尔送信的时候就与聂鲁达成为了朋友。这件事虽小，却有与众不同的意义——拉美诗人之间的联系和“权杖”的递交有种近乎神秘的现象，它似乎从未被仔细研究过：1913年3月，鲁文·达里奥曾在《雅》杂志上推荐了年轻诗人加夫列拉·米斯特拉尔的一首诗，并附上了自己的点评；而米斯特拉尔在聂鲁达还是内夫塔利·雷耶斯的时候，就读过了这个来自特木科小伙子的诗，认为可圈可点；获得诺贝尔奖后，米斯特拉尔给阿图尔·伦德奎斯特写信引荐巴勃罗·聂鲁达。

伦德奎斯特早已读过聂鲁达的诗，并从1944年开始翻译聂鲁达作品。那天，伦德奎斯特对聂鲁达的崇敬溢于言表，他告诉我们说：

自从进入诺贝尔委员会以来，我就一直在为聂鲁达获得诺奖做工作。这奖项一定程度上可以说是颁给拉美的，但如果没有聂鲁达的诗，这一切都不可能发生。聂鲁达的作品首先代表了智利，其次也代表了拉美。巴勃罗是个很不一样的诗人，他的艺术造诣很高，可以说是一位普世性的诗人。他的诗里有着智利和南美大自然的力量——虽然说世界各国的自然风景都大同小异，但聂鲁达代表一种自然的“爆炸”。我认为拉美有很多优秀的诗人和伟大的作家，我也希望这块大陆能有更多的诺奖获得者，比如说，奥克塔维奥·帕斯[①]。

而历史也证明，伦德奎斯特的“预言”兑现了。

聂鲁达夫妇抵达斯德哥尔摩的时候是下午四点，但此时北欧国家已夜幕初上。我和大使德拉诺站在一起。马蒂尔德缓缓走下飞机：她脚蹬长靴，身穿绣着麦穗花纹的呢子修身连衣裙外套，头戴呢子贝雷帽。巴勃罗穿着防雨风衣和马裤，面带微笑，从容地向我们走来。记者立刻一窝蜂围了上

① 奥克塔维奥·帕斯（1914—1998），墨西哥诗人、散文家。代表作《太阳石》，1990 年获诺贝尔文学奖。

去，各种问题雪片一样飞向诗人。聂鲁达冷静沉着地一一作答，言语之间散发出一种安详的气质。

“我的爱好是收集海螺、旧书、旧鞋。在巴黎的日子里我感觉我是外交官、诗人和社会主义者三合一的结合体。”

记者们忽然静了下来，诗人接着平静地说：

“我明明怕你们记者的，现在看来是你们怕我咯！”

一个记者回过神来，问道：

“您打算怎么花这笔奖金呢？”

“这个你还是问我太太好了。”

（实际上，聂鲁达捐出了奖金的一部分给地平线报社翻新用。不幸的是，报社在政变之前只发行了一版试行日报。1973 年 9 月 11 日政变爆发当天，报社就被军队占领，所有的员工被解聘。）

又有记者问到聂鲁达对文学脱离大众现象的看法。诗人答道：

“我们诗人不是医生，不能开药方。我不反对晦暗的诗，也不反对简单的诗；不反对独创的诗，也不反对集体创作的诗。如果一个诗人的作品过于艰深晦涩，那只有内行才读得懂。如果诗歌只有群众在读，则有陷入庸俗的风险。每个诗人都应该找到自己的道路，而在寻找自己创作之道的过程中，真诚是必不可少的。”

虽然聂鲁达说过，比起政治他更愿意谈文学，但有的记者仍不甘心，问如果不是有什么原因诗人“怎能五十多年笔耕不辍”，诗人回答说：

“在我们所处的这个世纪，很难把人民的斗争和政治斗争分割开来——第三世界更是这样。对于我们拉美人来说，这两者是水乳交融的，要想把它们一分为二甚至可以说是一种背叛。我们怎能看着人民处于水深火热之中而袖手旁观呢？这是不道德的。一个诗人如果脱离了人民的斗争，会和自己过不去的。我们拉美人生活在一块充斥着各种不正义现象的大陆上，所以我们必须做点什么，来改变广大人民的境遇。”

一个记者问道：

“在您眼中，哪个字最美丽？”

“恕我像电台热歌一样给你一个相当‘庸俗’的回答——我认为最美丽的字已经被滥用了，它就是‘爱’。我相信，‘爱’这个字用得越多，它的力量就越大；‘爱’这个字，怎么用都不为过。”

问答结束后，聂鲁达被送到酒店休憩。与诗人同行的还有他两位委内瑞拉的密友，加拉加斯文学俱乐部主席玛利亚·特蕾莎·卡斯蒂尤和丈夫米格尔·奥特罗·席尔瓦；智利驻意大利大使和夫人——卡洛斯·卡瓦尤和卡门·卡瓦尤也来了。

1971 年 12 月 10 日下午四点半，斯德哥尔摩已笼罩在浓浓夜幕下。菲拉德尔菲亚教堂的气氛庄重严肃。由于传统颁奖地点斯德哥尔摩音乐厅正在整修之中（加夫列拉·米斯特拉尔曾在音乐厅被授予诺奖），这座新教教堂成了当年庆典的举行场所。

请柬上明确规定，所有参与典礼的男士均应按照官方礼仪穿燕尾服出席。但印度和非洲的外交官除外——他们可以身着绚丽缤纷的民族服装出场。由于规定只有公主才能穿黑色，女士们穿了各色的晚礼服。马蒂尔德穿着一件点缀着金丝刺绣的石榴红晚礼服，颇有东方气质。

关于燕尾服，曾有个学生问聂鲁达，是否觉得这形似企鹅的西装有点荒谬。诗人平淡地回答说，燕尾服穿着很舒服，看上去庄重又高雅，出席必须穿燕尾服的场合穿着它也从没觉得有什么不妥。事实上，聂鲁达以前当外交官时常穿燕尾服，在当天的颁奖典礼中竟是最自在的一个。

菲拉德尔菲亚教堂里的瑞典厅用黄色和天蓝色布置一新。正席上端坐着瑞典国王、诺贝尔奖委员会成员、英籍诺贝尔物理学奖获得者丹尼斯·伽柏、德裔加拿大籍的化学奖获得者格哈德·赫茨伯格、美籍诺贝尔奖医学奖获得者厄尔·威尔伯·萨瑟兰、美籍诺贝尔经济学奖获得者西蒙·库兹涅茨。各位科学家略显拘谨，看来不太适应如此盛大的公开活动，而聂鲁达不论在智利还是国外都是此类场合的常客：从早年的诗歌朗诵会，到后来身为参议员和总统候选人发表演讲，诗人不但在人多的场合如鱼得水，

聂鲁达与学生在一起，
智利特木科，1971 年（豪尔赫·阿拉维纳·雅安卡摄影）。
出处：智利国家图书馆作家档案

对观众也有极强的感染力。此外，就像聂鲁达自己所说过的那样，他是个戏剧化的人，喜欢面具、戏装和与表演有关的一切。

轮到瑞典国王接见聂鲁达时，国王握住诗人的手，又花了几秒钟时间向他说了几句话。场内记者骚动了：一国之君对诗人究竟说了些什么？我们媒体人都迫切地想知道。聂鲁达没能满足我们的好奇心，只是谜一般地笑了笑，并不想多说一句。

这让我不禁想起往事一桩：七十年前第一次颁发诺贝尔奖时，瑞典国王还是年轻的斯科纳公爵古斯塔夫六世·阿道夫。出席1971年典礼的瑞典皇家成员里还有年轻的卡尔公爵，满脸是快活的微笑。颁奖典礼配有莫扎特和罗西尼的音乐，最后以瑞典国歌《你古老，你自由》结束。

出乎所有人意料的是，颁奖典礼并没有引用诺贝尔基金会主席奥伊勒教授的颁奖致辞。文学奖的颁奖致辞中提到了阿尔弗雷德·诺贝尔设立该奖项时原话所体现的精神——“给在文学方面表现出了理想主义倾向并有最优秀作品的人”——用当时的话说就是颁给“受到理想主义和社会承诺启发”的文学家。诺贝尔文学奖的选择也反映了当代想法的变化，但又不过度激进。

受理想主义和社会承诺启发、与同时代的想法相符，却又不过激的诗歌……这就是瑞典学院对聂鲁达诗歌的评价吗？每个奖项都有自己的标准；文学奖选择聂鲁达的原因用诺贝尔奖委员会的三种官方语言——法语、英语和西班牙语宣布：

> （聂鲁达）以他诗歌中自然质朴的力量，唤醒了一个大陆的命运和梦想。

委员会给聂鲁达的评价不仅验证了奥伊勒教授所言，也认可了美洲大陆以西班牙语、葡萄牙语为母语的四亿多人追求乌托邦理想的权利。

诺贝尔基金会常务秘书卡尔·拉格纳·吉罗博士介绍聂鲁达时说：“用一句话概括聂鲁达，好比用一只捕蝴蝶的网捉一只安第斯秃鹰。而聂鲁达诗歌所达到的境界，则是与万物神交。”

接过诺贝尔奖，聂鲁达用洪亮的声音发表了广为流传的演讲，他把乌托邦大陆的人民作为演讲的主角：

> 请原谅我没能将我承蒙的赞誉延伸到所有我们美洲人，延伸到世界上所有被遗忘的、无法分享这个欢乐时刻的人们：他们比我所能说的话更真实，比我们智利的安第斯山脉更高耸，比太平洋更辽阔。我属于群众，而不是少数人——我为此而自豪；虽然他们不在现场，我也能感受到他们的存在。

庆典结束后，来宾们前往皇宫接待会（通过电视转播）；我来不及换下高跟鞋和长礼服就奔向邮局寄稿件。西班牙《加利西亚之音》的记者拉蒙·超（歌手马努·超的父亲）把他写好的报道分享给我，允许我引用他关于颁奖典礼的详细叙述——这也是当时各国对智利感兴趣和友好的写照，并给我展示了诺奖颁发时鲜为人知的一刻：

> 在空空的大厅里，司仪和几小撮人指挥着诺奖获

得者学习几小时后将在瑞典国王、随从和整个外交使团和公众面前展示的舞步。“库兹涅茨先生——经济学诺奖，您这边站；萨瑟兰先生，医学诺奖，您最好别把后背对着国王陛下……”（诺奖获得者对着一个个空空的正席排练，舞会开始后古斯塔夫六世·阿道夫国王入座。）

有些人看起来不苟言笑，有的微微脸红。我不禁想起了萨特。

“怎么样？学会没？那就好，现在先去吃饭，四点钟回这里集合……”

四点钟声已过，但颁奖典礼迟迟没有开始，看来瑞典人守时的名声和他们的社会主义和金发美女一样不过是说说罢了。大厅里人头攒动，燕尾服摩肩接踵：所有的男士——包括摄影记者、无线电技术员、电视台摄影师都穿着燕尾服，给人一种超现实主义的感觉。所有的男士——包括聂鲁达，虽然不喜欢燕尾服，但为了自己国家的形象都忍了，我们《加利西亚之音》

的记者为了报社的形象忍着黑上衣一粒扣子扣不上的窘相。

四点半时，随着小号的吹响，瑞典国王和随从团进入大厅。所有人齐刷刷地起身致敬。瑞典国王每次起身、每次坐下，都少不了在场所有人的亦步亦趋。随着一席席演讲和斯德哥尔摩爱乐乐团（我确信这和菲拉德尔菲亚乐团没什么关系）的奏乐，诺奖获得者从瑞典国王面前鱼贯而过。

然而，这一喜庆的时刻也平息不了聂鲁达收到匿名信威胁的谣言。有人谴责诗人，说号称最看不惯帝国主义的聂鲁达怎么能参加这帝国主义的典礼并穿上燕尾服。这人还扬言要在典礼进行时用一把园丁的剪刀把诗人“燕尾服的后襟和任何别的垂下来的东西”一刀剪掉。后来事实证明，这原来是诗人的好友米格尔·奥特罗·席尔瓦的恶作剧，但瑞典警察却并不觉得好笑。

幸运的是，典礼结束时圣地亚哥时间还不到正午，我刚好能借着时差把稿件第一时间寄出，好让报社第二天一早就刊出。

著名播音员塞尔吉奥·席尔瓦·阿库尼亚代表智利国家电视台参加了典礼。席尔瓦曾给许多纪录片、新闻、广告配过音，还做过体育解说员、主持过少年科普节目。解说诺贝尔颁奖典礼时，他不忘一展自己惊人的记忆力和丰富的阅历，如数家珍地提到内夫塔利·雷耶斯一个个笔名，讲到年轻的乡下诗人为了抹去与父辈的联系而选择笔名聂鲁达，后来又在逃避魏地拉反共政府迫害时隐姓埋名，改名安东尼奥·鲁伊斯……

第二天，我问聂鲁达什么时候可以接受采访。诗人看上去一脸疲惫，他毫不掩饰舟车劳顿，有点伤感地对我说，“我讨厌采访……要说的都在我的诗里说了！你就这么说吧，报社会理解的。你给他们写写这里发生的一切……”

虽然很多年过去了，但不能忘怀也无法抹去的是，当时瑞典和很多国家的媒体不仅把聂鲁达看作给拉丁美洲代言的诗人，同时也把他视为智利的代表——一个通过一条前所未有的、注重多元化的道路追求实现社会主义的国家的代表。对于一些记者、政客和很多普通人来说，对于一个由民主选举产生的社会主义总统治理的国家，聂鲁达最重要的身份不是诗人，而是阿连德政府的形象大使。

一天，罗拉·法尔肯说让聂鲁达从公事中脱身后放松一下，到她家享受一顿晚餐。罗拉早就买好了一条粉色闪亮亮的大三文鱼，并按照一个瑞典食谱把鱼放进浸着茴香的盐水里腌上。每天早上，我们都到餐室里察看大鱼的情况。罗拉家保姆的西班牙丈夫负责去一家特别的餐馆买吃三文鱼用的蘸酱——腌好的生三文鱼有种细腻的香气，按瑞典的吃法是生鱼蘸酱。晚宴是个亲密的私人场合，只有法尔肯夫妇、米格尔·奥特罗·席尔瓦、玛利亚·特蕾莎·卡斯蒂尤、聂鲁达夫妇和我参加。

上座之前，我们三人在厨房小谈。马蒂尔德忽然轻描淡写地说，巴勃罗患有癌症，但我们无论如何也不能让他知道。在她的要求下，我和罗拉决定对此秘密守口如瓶。看着她平静的态度和面对逆境极力掩饰痛苦沮丧的决心，我不由得一惊。

饭后，我们到书房放松。巴勃罗坐进一张沙发椅里，伸出手，随便从书架上拿下一本书——恰好是加夫列拉·米斯特拉尔的诗歌选集《我们本该是女王》，刚刚由基曼图出版社出版。聂鲁达开始高声朗诵起来，又谈起米斯特拉尔诗歌的优劣之处。读完后，聂鲁达把书递给米格尔·奥特罗·席尔瓦，奥特罗用他优美的嗓音朗读；他热烈的委内瑞拉西语节奏、韵律和雨声般的嗓音给我们留下了极深的印象。聂鲁达诵读米斯特拉尔，也是特木科的孩子在斯德哥尔摩向先贤致敬的方式：很多年前，曾是米斯特拉尔慧眼识珠，鼓励了巴勃罗的诗歌创作。

瑞典外交官约翰·塔克曼作为该国议会里唯一的共产党代表邀请聂鲁达共进晚餐。在他松香弥漫的家里，我们品尝了北欧最美味的水果甜饼。诗人几乎不敢相信，这一个个小小的琥珀色黑莓圆饼竟是用北极的浆果烘焙而成。

聂鲁达受邀在斯德哥尔摩当代美术馆举行的音乐会上朗诵诗歌，诗人也借此一展其与年轻人交流的才能。瑞典的年轻人有的坐在地上，有的躺着，那场面不禁让我想起了智利庆祝《二十首情诗和一支绝望的歌》售出一百万册时的庆祝活动。美术馆四壁挂满了二十世纪最杰出的艺术品；广阔的音乐厅在窗帘的装饰下宛如闪光的白色礼拜堂。活动在轻松愉快的气氛中进行：首先，摇滚乐队演唱歌曲；其次，克罗诺皮奥俱乐部主席弗朗西斯科·乌里兹向坐在年轻人中间的聂鲁达宣读了阿图尔·伦德奎斯特的祝词（音乐会是克罗诺皮奥、瑞典作家协会和瑞典文学学生会共同举办的）；之后，聂鲁达操着一贯的平静嗓音开始朗读他的诗歌。诗人和瑞典著名表演艺术家马克斯·冯·塞多轮流用西班牙语和瑞典语进行朗诵。令我惊奇的是，一位瑞典女士——原来是智利驻瑞典大使馆的秘书——告诉我，虽然塞多是演过《处女之泉》等经典作品的大影星，但聂鲁达的朗诵更有表现力，更能触动人心。

那时，瑞典女诗人思恩·阿塞克森正和英格玛·博格曼[①]和雕塑家迈克尔·派珀朋友圈子里的一个年轻导演交往。派珀曾给马蒂尔德做了一条带有人形小吊坠的银项链——小人像与贾科梅蒂的雕塑颇有几分神似。派珀给我做了一个戒指，戒指上有一条直起身子的小蛇。一天，思恩请我到她家做客。两位男士做了肉馅里放了碎橄榄的智利饺子，还给我

① 英格玛·博格曼（1918—2007），瑞典电影、电视剧导演，作品包括《不良少女莫妮卡》等。

们端上了一杯希腊特有的热茜娜酒，让我们两位女士安静地谈话。晚上，我在思恩家留宿，但我们几乎一夜没合眼：思恩忆起尼卡诺尔、维奥莱塔·帕拉，讲到安立奎·贝佑和豪尔赫·特里耶尔之间情同手足的友谊，畅谈之中时间不知不觉过去了……

“瓦萨号”战舰

斯德哥尔摩还给聂鲁达准备了一个惊喜。聂鲁达虽然博闻强记，但对海事的了解，除了自己挚爱的船头雕、海螺，对大海和海滨地带却只略知一二。

聂鲁达曾乘坐过“巴登号”邮船和险恶的“弗拉弗利克号”货船（《大地上的居所》里的鬼船），也作为承包人把2 365位西班牙内战中的难民送上开往智利的“温尼伯号”；但他没想到，接下来他将见识一艘参加过伟大冒险的船。

我们来到贝克霍母岛干坞等待奇迹出现。

“瓦萨号”战舰的展出地点看似一座笼罩在甘油蒸汽中

的修理棚。“瓦萨号”是一艘十七世纪的大型帆船，在海底沉睡了三百三十三年后于不久前刚刚被打捞上岸；而这背后则有一桩悲剧：这艘六十九米长、拥有三座舰桥、配有六十四尊大炮的雄伟战舰曾是瑞典当时耗费最高、装饰最华丽的战船。1628年的一天下午，“瓦萨号”载着一百三十位水手和三百名战士，在码头上母亲们、妻子们和亲友们的欢呼声中开启了处女航。

解缆后没多久，船还没驶出码头，航行了十五分钟都不到，一阵劲风吹来，船一头倾斜了下去。五点整的时候，这艘曾用上千棵栎树铸造的“瓦萨号”就被大海吞没了。幸运的是，波罗的海里没有船蛆，因此“瓦萨号”并没有腐烂。瑞典研究历史战舰的专家、工程师安德斯·弗兰森研究了历史档案和沉船海域后，在潜水运动员的协助下找到了“瓦萨号”战舰。最终，“瓦萨号”从海底被打捞上岸，并经过精心修复（恢复了部分船帆）后重见天日。

走进这个时间几乎停滞在三个世纪前的空间时，诗人简直掩饰不住他的爱海之心：聂鲁达注视着“瓦萨号”的船头木雕，对刻着七百多件雕塑作品的船身着了迷：不知名的艺术家们雕刻出风情万种的美人鱼、栩栩如生的海神特莱登、天使、魔鬼、皇帝、神灵、动物和神兽、一个伸出整条舌头风骚地舔着鼻尖的女人，还有二十二块的大型拼图——有的拼图块甚至比一个人还大，据说拼起来能组成瑞士皇家的纹章。

研究人员在船里仅找到了一件黄金物品：船长的金戒指。船里还有长官使用的金属餐具——船员用木碗和木勺吃饭。此外，船上还找到了一瓶陈酿了三个世纪的朗姆酒，一个盒式小坠子——里面藏着一缕女人的秀发，一套西洋双陆棋——雕花木棋盒可以折成棋盘，几支陶烟斗（虽然船上除了厨房以外严禁烟火）：船上的一切无一不透露出乘客的喜好、娱乐方式和怀旧情结。为了达到航行的目的并自卫，船上还装载了不同种类的军火。

借着精巧的复原图和在船上找到的头骨和骨架（一共找到了三十五位遇难者的残骸），考古学家证实，三个世纪前的人类和动物比现在都要矮很多。船上还带着一头母牛，以便每天都能喝上鲜奶；但母牛的个头比现代母牛要小巧多了。

看着这一切，聂鲁达像个孩子一样兴奋不已，在“瓦萨号”旁徘徊多时，凝视沉船上所有的物证和战船上的雕像，仿佛迷失在了那次以悲剧告终的伟大冒险之中。诗人参观后大约二十年，得益于一笔巨大的投资，“瓦萨号”得以完全修复，并在斯德哥尔摩中心地带有了自己的博物馆，每年都有上百万人前去参观。

喜忧参半

瑞典首相奥洛夫·帕尔梅也出席了智利使馆在英国饭店召开的庆功会——聂鲁达获奖相关活动中的最后一个环节。帕尔梅一到就和诗人以及德拉诺开了个私人会议。

在热情高涨的嘉宾之中，有海军上将本特·伦德华尔、瑞士外交使团、瑞典皇家学院主席阿斯德·佩特仁、议会成员、艺术家、作家，还有工业领袖——如萨博集团和阿特拉斯·科普柯公司的代表；宴会上的人摩肩接踵。马蒂尔德穿一身黑色晚礼服，胸口别着几朵小巧的紫红色嘉德利亚兰花。

弗朗西斯科·乌里兹和妻子马丽娜·托雷斯教授也在

场。我采访了几名来自西班牙、负责给聂鲁达翻译的瑞典语口译员。

> 聂鲁达在瑞典是个很有争议的人物。当地媒体有的赞扬聂鲁达，也有的把他贬得一无是处。但是吉罗教授说过的“聂鲁达得奖是诺奖的荣誉”反映了大多数人的想法。诺贝尔委员会决定把文学奖颁给聂鲁达的时候，阿图尔·伦德奎斯特头一句话就说“那好，看来我们把聂鲁达应得的给他了，这样我们也能安心了”——这话很中肯。

接下来，聂鲁达动身去波兰。他邀我一同去，但十分遗憾的是我必须回国了。诗人看起来热情高涨——那时正逢在波兰进修的智利剧作家波利斯·斯德伊切夫话剧《华金·穆里耶塔的辉煌生死》的华沙首演。这是斯德伊切夫唯一的话剧作品，1968年曾在佩德罗·奥特豪斯的指导、吉列尔莫·努涅斯[①]的舞美设计下在智利首演。十几年后，准确地说是1979年，多亏了诗人帕维尔·格鲁什科的邀请，

① 吉列尔莫·努涅斯（1930— ），智利当代最著名的艺术家之一，2007年曾获国家造型艺术奖。曾因在智利军政府独裁时期遭迫害而将其对暴政的谴责融入了艺术创作之中。

我有幸在莫斯科看了聂鲁达唯一的剧作——以“摇滚歌剧”形式演绎的作品。

回国定居后，聂鲁达最后一次在公众场合露面是1972年的12月5日在国家体育馆给诗人举行的致敬典礼上。那时总统阿连德在国外，副总统卡洛斯·普拉特代表他出席；在场的还有国防部长何塞·托阿、本杰明·特普利茨基教授、教育部长阿尼拔尔·帕尔马、参议员阿尼塞托·罗德里格斯以及其他政要和外交使团。聂鲁达从车上下来，一脸和蔼，向群众挥手致意。

我们坐在正面看台。突然，智利驻南斯拉夫大使夫人娜达·拉多维克腾地站了起来，脸色苍白，摇摇摆摆地迈开步子要走。罗马尼亚大使夫人桑达·杜梅特里斯库快步走过去拉住了她。两人走出体育馆以后，娜达再也控制不住胃里的翻江倒海，言语也开始含糊。桑达后来告诉我说，娜达一看到带着警犬的智利警察就崩溃了：两人不由自主地想起在第二次世界大战时期与纳粹分子进行地下斗争时追赶她们的恶犬……

总统同志阿连德

聂鲁达参加总统竞选给了我国人民一个对诗人表达敬意和热爱的渠道，也给了诗人最快乐的时光。诗人走进菜场、集市，走遍了最穷苦地区的广场和最奢华的地方，与各行各业的人们并肩交流。他知道很多人并不会把票投给他，但他面对贫苦大众的竞选演说却达到了前所未有的思想高度，海纳百川而诚恳真挚。此外，聂鲁达的政治活动也有另外一个不可忽视的重要意义：聂鲁达和他“最亲密的战友”萨尔瓦多·阿连德的友谊通过政治活动的历练更加坚不可摧，两个人的历史形象也深深地连在了一起。在聂鲁达和阿连德都还是参议员、捍卫与自己信念相符的法律和倡议时，两人就是朋友了。他们在很多事情上都心有灵犀：重视爱情，有幽默感，都是行动派，有勇气和使命感，视荣誉如生命；一诺千金并怀着普世之爱。两人

聂鲁达为支持盟友阿连德竞选总统发表演讲，
智利圣地亚哥，1948 年。
出处：智利国家图书馆作家档案

有着相似的经历、性格和平行的人生轨迹。

阿连德三十岁就在佩德罗·阿吉雷·塞尔达总统内阁当上了卫生部部长（全称为卫生、社会保障和社会救济部），后来成了第一位通过民主选举上台的左派总统，并开始了大规模的改革和建设。

我第一次听到《马丘比丘之巅》的时候，怎么也想不到建筑师塞尔吉奥·冈萨雷斯[①]将领头建设联合国贸易和发展会议3号楼。尽管塞尔吉奥同意了智利建筑师协会关于列出所有参与项目的建筑师名字的要求，他仍令雕塑家撒母耳·罗曼在石碑上刻上这样的一段话："这栋建筑反映了智利人民的勤奋、创新精神和不懈努力；代表智利民族的有她的工人、技师、艺术家、专业人员。大楼经275天的建设，于1972年4月3日完工，正值萨尔瓦多·阿连德·戈森斯总统同志的人民政府执政时期。"石碑下的混凝土中埋藏着按字母顺序排列的，刻着参与建筑的3 700位工人、技师、艺术家和专业人员名字的两根钢柱。

① 塞尔吉奥·冈萨雷斯（1926— ），智利现代建筑的先驱，将包豪斯和柯布西耶的理念带到了智利。其代表作之一，联合国贸易和发展会议位于智利的3号楼，现为著名的米斯特拉尔文化中心。

那时，聂鲁达被委任智利驻法国大使。诗人将回到他深爱的、密友遍地的国家，并能光明正大地走进曾将其列为“不受欢迎之人”而拒绝其入境的国家……也是在法国，聂鲁达接到了自己获得诺贝尔奖的喜讯。而智利喜获第二枚诺贝尔奖也少不了总统的支持——这支持虽被人遗忘却意义重大。随着阿连德当选总统，聂鲁达获得诺贝尔奖，两人的友谊也走上了巅峰。阿连德向全国人民宣布了聂鲁达得奖的喜讯，他用朴素的话语激动地说道：

> 虽然这不是展示或描述聂鲁达诗歌的场合，我仍想说说我们这位人民诗人作品的深度和广度。聂鲁达的诗歌用无边的想象力演绎了人生万象，我在这里别说是概括聂鲁达诗歌了，哪怕是蜻蜓点水地描述也难做到。聂鲁达的诗歌和书籍很久前就开始翻译成许多种语言广为流传，但获得诺贝尔奖则是对诗人，和对他代表的“对人民承诺”的肯定：聂鲁达和人民同呼吸共命运，而人民也通过聂鲁达的诗了解了自己的历史义务。因此，现在是我们智利人民庆祝聂鲁达同胞、聂鲁达兄弟最欢欣鼓舞的时刻。

阿连德深知如何将把两人团结一心的使命与群众产生

共鸣：

从我个人角度来讲，我对巴勃罗获奖也有着很深的感触；这其中有个很特别的原因：多年以来，巴勃罗和我一起为人民的命运并肩战斗，我们从南到北走遍了智利每一个地方。我永远也不会忘记，人民倾听我们的演讲时的热情，等待聂鲁达朗诵诗歌时的那种充满期待的肃静。能看到人民的感动，看到诗人的字句进入智利群众的心里、触动大家的良心——对我来说，没有什么比这更宝贵了。

阿连德还提到了《巴勃罗·聂鲁达：人民诗人诗歌选集》的出版。选集并没有给诗人带来版税收入。诗集由阿连德撰写“序言”，共有一百二十六页，封底短短几行字简述了聂鲁达的生平和作品，上方还赫然标着诗集非卖品的性质：

本书不可出售，应免费发放给智利人民。

很显然，聂鲁达这位世界诗人愿意用某种方式与智利人民分享他的殊荣，来给同胞们一份礼物。

书的末页写着：

本书汇集了巴勃罗·聂鲁达多部作品中的诗歌数首，在萨尔瓦多·阿连德总统令下印刷出版，将在智利人民之间广泛传播。

诗歌的挑选由沃梅罗·阿尔瑟和聂鲁达共同在后者于法国诺曼底伊通河畔孔代村“曼凯尔”的家中于1972年7月完成。

本书在加西亚图片社印刷。1972年11月20日印刷完毕。

（这本书虽大量印刷，但还没来得及发送到每个智利人手中就大多被付之一炬。）

“人民团结战线”执政期间，智利受到了经济封锁。聂鲁达义愤填膺地发起了一场为了遏制内战威胁的斗争。智利的形势让诗人想起了西班牙内战中种种骇人听闻的景象，他无政府和平主义者的本性逐渐显露了出来。曾在1968年，聂鲁达在智利康赛普西翁大学的一场典礼上说过，“我们诗人憎恶仇恨，对战争宣战”。诗人通过艺术和智慧的方式来表达了反战决心：他把所有的精力都集中在用当代艺术表达方式来唤醒民众意识、激发人民团结之心上。聂鲁达还恳请艺术家朋友们参与圣保罗双年展创始人马里奥·佩德罗萨领导下的国际艺术家团结智利委员会，并鼓励同仁们把自己的作品捐给为了民族团结而设立的阿连德团结博物馆。

在这个时期，聂鲁达还创作了他最饱受争议的作品之一——《鼓动刺杀尼克松并赞美智利革命》（基曼图出版社1973年出版）。诗人口号式的激烈措辞与巴勃罗·德罗卡的作品有种异曲同工之妙，也再现了弗朗西斯科·克维多[①]的风格——诗人还在本书的第十五首诗和第三十首诗中表达了对克维多的敬仰。诗人还提到了他“尊敬的古巴”，也借机嘲讽了“雷塔马尔[②]们”和反对革命的“蛆虫们”。诗人在第二十三首诗中表达了他最深切的愿望——“我愿恶人不要残杀善人，也愿善人不杀害恶人”—— 这充分显现了聂鲁达

① 弗朗西斯科·克维多（1580—1645），西班牙巴洛克时期著名作家、诗人，开创了警句派诗歌。

② 罗贝托·费尔南德斯·雷塔马尔（1930— ），古巴诗人、散文家、文学评论家，曾因聂鲁达接受秘鲁保守派总统贝朗德颁发的太阳勋章，发动三十位古巴知识分子联名写信谴责聂鲁达。

早期的无政府主义与和平主义信念。

聂鲁达的信仰在《西班牙在我心中》里便已表现得淋漓尽致，在之后的《漫歌》中更是登峰造极。两本诗集不但是诗人以为所有民族谋福利为己任的最佳体现，同时也是智利和美洲诗歌创作的巅峰，说它们是普世诗歌也不过分。

面对祖国面临的危险，聂鲁达回国后于 1972 年 12 月 5 日在国家体育馆发表演讲，阐述了他的政治使命。诗人警示，智利正面临着内战爆发的威胁。不久后，聂鲁达在黑岛卧病在家时也不忘强调这一点：1973 年 3 月 3 日——议会竞选前夕，诗人在接受电台访谈时又明确而坚定地重申了内战的危险。5 月 28 日，聂鲁达在电视节目里援引曾亲身经历过的西班牙内战史实来告诫观众国内形势的危急，他请求智利国内外都做好准备工作来应对随时可能爆发的武力冲突，呼吁人们捍卫民主、自由和文化免受“内战、法西斯主义和帝国主义”的威胁。聂鲁达还倡议智利和全世界的艺术家和知识分子谴责企图推翻阿连德宪政的伎俩。

安息吧，聂鲁达

聂鲁达葬礼举行的那天早上，成千上万的人走上街头，踩着碎玻璃走进一片狼藉的巧思宫。我从人群中走出来环视巧思宫四周：一张破床垫、一段圆拱门残垣、一把巨大的木扇、几张经典明信片；满地是镜子和吧台彩色玻璃的碎片、凌乱的书籍、陶瓷碎片、玻璃碴、瓷器残片……

我拾级而上走进客厅，马蒂尔德正独自坐着。她守在棺前，脸色死白，大大的眼睛里写满了绝望。诗人在棺材玻璃盖下静静躺着，沉沉地睡着，嘴角仿佛浮起一丝微笑。聂鲁达身穿格子运动衫，外面套着斜纹软呢夹克，一动不动的脸庞好像透出一种具有讽刺意味的安详。

棺盖脚部放着一个系有蓝黄两色丝带的王冠，丝带上写着“给诺贝尔奖获得者，伟大的诗人巴勃罗·聂鲁达。瑞典国王古斯塔夫六世·阿道夫”。聂鲁达领奖的大厅就是用黄蓝两色装饰的。

在场的还有墨西哥驻智利大使冈萨罗·马丁内斯·可瓦拉，后来遭暗杀的、传奇般的瑞典大使哈罗德·艾德斯坦姆、南斯拉夫大使馆文化参赞卡兹密尔·布罗维尼奇和法国大使馆文化参赞罗兰·乌森。乌森告诉我们，昨晚法国政府刚刚决定给聂鲁达授予荣誉军团勋章。

瑞典电视台记者到了。马蒂尔德求我说：“让他们拍，让他们把这一切都拍下来！让大家看看这充满和平、勤奋、欢乐、友谊的家现在成了什么样子！”

巧思宫建在智利首都的圣母山脚下，一共分三层。一层通向街道，有两间卧室、一间餐厅、一个厨房。由于过多废弃物堵塞，水管道早已迸裂，一层全部淹没。二楼客厅里一片狼藉：一盏残破的油灯挂在桌上，乳白色的灯罩破了个大洞。我弯下腰拾起一个小小的泥圣母像——有着亚当夏娃、水果动物和各种小人像、名为“生命之树”的巨型墨西哥民俗雕塑作品中唯一完好的一件，而雕塑早已化作齑粉。满地都是碎盘子、碎杯子、破罐子。聂鲁达曾引以为傲的智利稚拙派绘画作品也从四壁不翼而飞——后来在水管道里找到时，画布早已被水泡得腐烂了。

电话已被粗暴地拔掉。我走过镶着缠绕在一起的P和M字母烟囱下、通往聂鲁达夫妻卧室的唯一过道进入卧室。卧室里的大床已经被毁，床垫上还留着带泥的军靴鞋印。

我踩着碎玻璃碴来到庭院里。聂鲁达的朋友，迭戈·穆尼奥斯[1]的妻子伊内斯·瓦伦斯维拉正在清扫瓦砾。马蒂尔德对她说：“你不该拾掇的。让这个家保持它‘本来’的样子吧……”

沿着石阶，我走进半掩在树荫里的书房——这是聂鲁达的工作室（马蒂尔德的工作室是旁边的一间老屋子），也

① 迭戈·穆尼奥斯（1903—1990），智利作家、诗人。

是诗人许多作品诞生的地方。罗伯托·帕拉达[1]正站在门口，手里捏着一页枯黄的纸，泪流满面。帕拉达摇着头，仿佛不能相信自己的眼睛，他操起智利话剧观众熟悉的磁性低沉嗓音念道："米格尔·德·乌纳穆诺[2]：《生命的悲剧意识》。"帕拉达把纸片团了团，放进了夹克内袋。

书房里那座古法细工镶嵌、仿佛博格曼电影道具一样的落地钟连指针都不剩，钟摆、钟锤也没了。一幅古典贵妇的油画像被剐烂。没有一幅画、一本书逃脱厄运，满地尽是扫荡后的残局。

作家特蕾莎·阿梅尔曾在圣玛利亚医院陪伴马蒂尔德，直到聂鲁达生命的最后一刻。她悲恸地告诉我说："巴勃罗走前说的最后一句话是'他们开枪杀人了，他们开枪杀人了！'聂鲁达刚和马蒂尔德谈了一会儿，睡下没过多久却开始浑身颤抖，喊叫这些话语，就像正在噩梦里挣扎……"

---

① 罗伯托·帕拉达（1909—1986），智利演员、话剧导演、著名的智利共产党员。曾在智利作家安东尼奥·斯卡尔梅塔指导的影片《火热的耐心》（1983）中扮演聂鲁达。

② 米格尔·德·乌纳穆诺（1864—1938），西班牙作家、哲学家，二十世纪西班牙文学重要人物之一；著有小说《迷雾》、哲学论著《生命的悲剧意识》和诗集《流亡的谣曲》等作品。

我们自己也不知道，是怎么度过9月份这阴冷灰暗的一天的。大家人心惶惶，呆呆守在棺材边。风从没有玻璃的窗户里灌进来。

马蒂尔德的邻居、摄影师安东尼奥·秦塔纳的未亡人凯塔请她去家里吃点热的。马蒂尔德茶饭不思，只愿守在她伴侣身边。凯塔于是请马蒂尔德的妹妹去她家坐坐，说请我俩去喝碗热汤，就算一杯热咖啡也好。

巧思宫不断有人进进出出，一转眼就到了下午。律师格拉西耶拉·阿尔瓦雷斯和阿依达·菲格罗阿、聂鲁达的秘书沃梅罗·阿尔瑟和聂鲁达的姐姐劳拉·雷耶斯也来了。忽然，一向警觉敏锐的马蒂尔德说："他们来了。我不想见。"她像鸟儿一样轻快地走进自己卧室关上了门。

我们看到几个人正朝着巧思宫走来。他们有的是身穿制服的军官，有的是武装平民，大多胸前都斜端着冲锋枪。几个人没摘贝雷帽，也没卸头盔，就闯了进来。一个军官自称是本区指挥官。这人是埃尔曼·布雷迪[1]。他身材魁梧，嗓音

① 埃尔曼·布雷迪（1919—2011），智利军官、皮诺切特独裁军政府的国防部长。

尖细，像猫一样警觉，身穿带着赭色和绿色斑点的军装，戴着头盔。只有一人没有带枪——安立奎·莫雷尔[1]，他身穿军礼服。莫雷尔开始背诵开场白：“我是皮诺切特将军的侍从武官。我想跟国家文学奖获得者、伟大诗人巴勃罗·聂鲁达的未亡人和亲属谈谈，以表慰问……”话说到一半他突然停住，环视了四周后问道，“聂鲁达的未亡人在哪里？聂鲁达先生的亲戚在哪里？”

格拉西耶拉·阿尔瓦雷斯响亮地回应道：“我们所有在场的都是聂鲁达的家人。我们要求您们尊重我们服丧！”侍从武官开始重复刚才那套话，但阿依达打断他：“聂鲁达的未亡人在休息，她不会见您的。”

侍从武官又想重述他的来访原因，但他又一次被打断了：“我们正在您们留下的废墟里给聂鲁达守灵。我们想要尊敬和肃静，来给诗人最后的致敬。我们要您们保证我们能平安地度过今晚。”

指挥官发话了：“这不是我们干的。智利的军队尊重国

---

① 安立奎·莫雷尔（生卒年不详），智利军官、皮诺切特独裁军政府的国务院总理。

家的光荣。”

格拉西耶拉说诗人的家已经被摧毁，并有人目睹了军队的暴行。指挥官说要证人站出来。

“军官，您怎么能这么说？您认为群众敢站出来作证？人人都很害怕。”

接着，她向指挥官讲述了巧思宫的惨相。为了进门，拉米罗·因松萨、吉列尔莫·德拉·巴拉和几个年轻小伙费了九牛二虎之力才排走淹没了一层的污水。在场的人三三两两地补充了巧思宫遭蹂躏的细节。侍从武官走上前，说想视察一下受损情况。持枪武警立刻开始四处走动。我们本能地围在诗人棺材旁边，不让他们靠近，不让聂鲁达再次受辱。

几个军官和武装平民绕房一圈，面无表情地环视了一遍，信誓旦旦地说不论是战士还是警察都不可能犯下这种暴行，一口咬定是街里的野孩子干的。

几天后，军政府正式宣布，一个十岁孩子带领下的小团伙是聂鲁达家被毁的罪魁祸首。清理水管道过程中我们发现了各种各样物品的残骸：破盘子破碗、扯烂的油画、托盘碎片、碎木块、碎瓷片，还有碎杯子。

不速之客们走之前还宣布（谁都没表示出送客的意思），军政府将下令全国哀悼三天来缅怀诗人逝世。根据公报，哀悼日从聂鲁达逝世之日开始算起，葬礼日期由官方定——这也就是说，官方命令的三天哀悼竟是以倒推形式进行的！

更多的人来到了巧思宫。一队工人决定组成仪仗队，高举拳头前进。甚至连军政府点名要追捕的人们都冒险来到巧思宫向诗人进行最后告别。

由于专横的宵禁命令，我们很多人都不得不动身离开。走时，我停步回望聂鲁达家对面墙上的壁画：那是诗人生日时“拉蒙娜·帕拉军旅”[①]的年轻共产党员所作。耀眼的红黄蓝色的图案描着黑色的粗边，颇有点费尔南·莱热的风

①“拉蒙娜·帕拉军旅”是智利共产党负责创作壁画的一个军旅，1968 年由智利共青团创立。拉蒙娜·帕拉是 1946 年因抗议被杀的一个共产党员。

格。壁画上的旗帜、白鸽象征友好团结的工农青年，他们一起歌唱、一起学习、一起建设——智利壁画常见的主题之一。这青年艺术运动的活力、独创性和把艺术带向街头、带给人民的导向引起了艺术评论家的关注。罗伯托·马塔[①]也开始关注“拉蒙娜·帕拉军旅”，并和成员们一起在圣地亚哥拉格兰哈区政府大楼创作了一幅壁画，青年们的作品也在巴黎的现代艺术博物馆展出。但马蒂尔德却因门口的壁画吃尽了苦头，军政府不停地骚扰她，逼她把壁画涂掉。马蒂尔德用事实为自己说话：壁画是智利的青年给诗人的礼物。然而这无济于事——几个月后，马蒂尔德被迫销毁壁画。

来日是下葬日。一大早，浩大的人群从“亡灵之家”旁走过：人群中有贫苦的妇女、工厂的男工，也有作家、艺术家、记者、科学家和政客。诗人胡文西奥·瓦耶比往常更沉默，《信使报》科学版主编、诗人吉列尔莫·特雷霍边走边急促地记录着。

我在人群中看到尼卡诺尔·帕拉。这些天，一家大报

① 罗伯托·马塔（1911—2002），智利最著名的画家之一，二十世纪超现实主义和抽象表现主义绘画大师。他认为诗歌和绘画能改变人生，曾大力支持阿连德，也参与了多项“社会艺术”的创作。

发表文章，对帕拉赞誉有加，把他描述成被人民团结战线误解的受害者。帕拉对我说，“他们企图把我变成军政府的官方诗人，但他们不会得逞的。”相比聂鲁达的遭遇，帕拉谨慎的话语听上去仿佛是一句誓言。（事实上，没过多久，他以一位诗人为主角创作的话剧《帕拉诗页》就招来了政权的不满——军政府下令焚毁普罗维登西亚区作为演出场所使用的马戏团帐篷。）

接下来，戏剧性的一刻出现了：我们绕开被毁荒屋里的杂物、小心而吃力地把聂鲁达的棺材从车库门抬出，缓缓走向公墓。起初，送葬的队伍并不长。整个城市一片死寂。每扇窗户后都有人伫立着，有人胆怯地挽起半块网眼帘。街上，一队队武装士兵在各个地点站岗。突然，寂静被打破了。一个雄浑的声音迸发出来，随着前进的送葬队伍一波波绽开来，高喊起聂鲁达的诗句：

> 我们发誓一定要让
>
> 祖国袒露的花朵
>
> 崛起在遭受凌辱的沙地上[1]

① 译文引自《漫歌》，赵振江译，云南人民出版社，1995 年。

呼声渐渐壮大起来。谁也不顾有外国电视台摄影师对准脸孔和嘴部的特写——这仿佛要把瞬间定格为永恒。很快有人喊出另外一句诗：

我们一定要沿着你的道路前进

直到人民的胜利来临[①]

人们把更多的诗句化为口号，坚毅、热切、投入地吟唱：

无数的人民宛似小麦

将根集结，将穗聚拢，

在冲破枷锁的暴风雨中

升向宇宙的光明[②]

快到圣地亚哥总公墓正门的时候，已有很多人守在门前等候。慢慢地，我们送葬的队伍湮没在人群里，大家融为一个涌动的、表达悲恸的整体。聂鲁达的棺材放上一辆推车。

① 译文引自《漫歌》，赵振江译，云南人民出版社，1995 年。

② 同上。

一名男子翻开一本聂鲁达的诗集，像在战场上一样呐喊道：

你们拥有的利剑成堆

我心做好了战斗的准备 [①]

人群中哭声此起彼伏。有人边啜泣、边用颤抖的声音唱起了国际歌。人们一个接一个地举起紧握的拳头。“起来，饥寒交迫的奴隶；起来，全世界受苦的人……”歌声在挣扎中唱着，渐渐松开了人们哽住的喉咙——而这也是国际歌最后一次在智利的公开场合中传唱了。

进入公墓，送葬队伍走到作家阿德里安娜·迪特伯恩家族陵墓前（奥伊金斯中央街在利马街和洛斯蒂罗斯街之间）。阿德里安娜曾告诉马蒂尔德，如果聂鲁达想葬在黑岛的遗愿无法实现，可以先借用迪特伯恩家族的陵墓下葬。聂鲁达曾在诗中交代过自己理想的安葬之地：

同志们，请把我埋在黑岛

让我面对着熟悉的大海

① 引自《巴勃罗·聂鲁达：人民诗人诗歌选集》。

面对着我这失明的眼睛再也无法看到的

每一片起伏的石滩和波面[①]

人群的声音一浪高过一浪。天主教大学前任校长费尔南多·卡斯蒂尤·维拉斯科、年迈的文学评论家埃尔南·迪亚斯·阿里耶塔、阿洛内、胡文西奥·瓦耶都陆续到了。

画家内梅西奥·安图涅斯一反往常的和蔼神色，他讲起各处遭到的野蛮破坏时眼睛仿佛要迸出火花来（安图涅斯从爱德华多·弗雷上台以来便任智利国家美术馆馆长）。不久前，军政府的帮凶用刺刀划破了一个墨西哥博物馆给美术馆寄来、装着鲁菲诺·塔马约[②]画作的箱子。无论他怎么反抗，官兵还是一刀毁掉了他拼尽全力保护的艺术品。安图涅斯刚辞了职，他说他"太惭愧了"。曾几何时，安图涅斯把美术馆从"已故艺术家贮藏室"变成了一座活的博物馆。他发挥了自己的建筑才能，设计了"向下生长"的地下"马塔展厅"。国家美术馆不再是偶尔展出造型艺术的地方，而是给音乐、舞蹈、电影等艺术形式表现机会的舞台。焕然一

① 译文引自《漫歌》，赵振江译，云南人民出版社，1995 年。

② 鲁菲诺·塔马约（1899—1991），墨西哥画家、壁画家。作品综合展现了哥伦布发现美洲大陆以前的艺术、墨西哥民间艺术和现代欧洲绘画的元素。

新的博物馆吸引了各行各业的人们。安图涅斯更进了一步：他把博物馆展品带上街头、带进工厂和学校展览。曾经，安图涅斯刚刚上任的时候就面临了一个棘手难题：修复一幅裸女胸部被圆珠笔粗暴刺破的名画——智利艺术史上的第一幅裸体画——瓦伦斯维拉·普艾尔马的《商人的明珠》。安图涅斯大声疾呼，声讨暴政对艺术的践踏："我把艺术带给从没看过一场画展的工人观众，工人对油画的呵护像对宗教一样虔敬，而所谓读过书、有文化的上流社会居然能干出此等暴行……"

作家弗朗西斯科·克洛安也来了。他高大魁梧，酷似一艘沉船的船长，倚在拐杖上踱着（他将代表智利的作家群体讲话）。忽然，我们看到一头金发和因抽泣而抖动的双肩。我走上前一看，原来是人民芭蕾舞团团长琼安·特纳，她的脸都哭肿了。琼安为丈夫维克多·哈拉哭泣，为聂鲁达哭泣，为所有遇害的人们哭泣。我用手臂环住她，问她女儿们好不好。琼安继续哭着，说孩子太小，还理解不了所发生的一切。就在几天前，我刚听说有人找到了哈拉的尸体。我立刻给琼安打电话："琼安，告诉我，这一切是真的吗？"琼安克制着自己的悲恸答道："是真的。别的我什么也不能说。”紧接着我们又问了她一个残酷的问题：“我不想再让你伤心，可是你告诉我，哈拉真的被割掉了双手吗？”“没有，但如果你曾看到他原来多英俊，而他的尸体却血肉模糊、一块黑一块紫，我费了好大力气才在成堆的尸体中找到……完全无法辨认……”说着说着琼安就泣不成声。正在这时，葬礼演说开始了。

人群中一张张脸孔上有种无法描述的东西：送葬的人们有的来自艺术界、文化界、政治界，有的是工人、学生，有的是年轻的母亲，有的是驼背偻行的老人。有一点让我印象深刻：几乎没有一个男人留着古巴革命者那样的大胡子，他们刮过的脸好像金光闪闪的面具。

不久，人们开始用耳语相互告诫：“大家有序、安静离场，不要扎堆集会。从公墓出去后立刻散开。”

我惊异地发现，整个墓地都被士兵包围了：每个角落都有他们的身影，他们两脚分开，稳稳地站着，两手将冲锋枪端在胸前，脸上一副傲慢的表情，似乎随时准备镇压除了悲痛之外手无寸铁的平民。我们慢慢地走着。

正走着，我们突然注意到一个不寻常的景象：墓地环路（原先常有人卖花的地点）四壁的护壁板上贴了无数张加长规格的白纸，纸上是打字机写的字母："NN，男，约三十岁。""NN，女，二十岁。"数不清的单子上写着无数的NN（无名氏）——代表所有被军政府暗杀残害的同胞！他们的名字无人知晓，贴单子是通知亲属自己去停尸房认领尸体！意识到这点，我感觉全身的血都凉了。

聂鲁达下葬几天后，位于上将辛普森街7号的"作家之家"曾给诗人举行了追悼会。追悼会当天下午，我们发现作家华金·爱德华兹·贝佑曾按列宁葬礼照临摹的油画从会议室的墙上不翼而飞。好几位作家也被拘捕了——包括在奇力奎那岛被捕的作家弗洛里多·佩雷斯，还有智利最常青的诗歌杂志《特里尔赛》[①]的社长奥马尔·拉拉。

原教育部长马克西莫·帕切科也出席了追悼会。他震惊地告诉我，"胡里奥·艾斯卡美斯在奇廉市政府的壁画被

①《特里尔赛》是智利诗人奥马尔·拉拉1964年创立的杂志，以秘鲁诗人塞萨尔·巴列霍第二本诗集*Trilce*命名。Trilce是巴列霍自己发明的词汇，诗集是他由于"政治骚扰"的罪名被捕后在狱中创作的。《特里尔赛》杂志1973年智利政变被勒令停刊后于1982年恢复出版，并成了最早发表推介智利诗人波拉尼奥作品的杂志之一。

毁了”。我问他是不是壁画被涂白了。“不不！壁画是给戳烂的……”艾斯卡美斯的壁画作品避开了政治口号，也表达了对虚伪“革命艺术”（试图给拉美从被西班牙征服到当下斗争的历史时段盖棺定论的“革命艺术”）、对资本主义引发的物化和对机器主导、人处弱势的体制的深恶痛绝。壁画的一隅用象征的手法表现了异化对人类灵魂的压迫，以及征服者与现代军事武力的狼狈为奸。作品丰富的象征元素集中体现了生与死的冲突，以及高贵的新型人际关系和迂腐、非人道关系之间的冲突。我简直不敢相信帕切科所说的一切。也许人类大脑适应愚昧和恐怖的速度太慢……（我后来得知，军政府戳了艾斯卡美斯的壁画还不罢休，居然把整座墙推倒，并把奇廉市市政府场地也改建了。）

根据传统，追悼会结束后我们到多年前聂鲁达主持开张的“作家之家”小酒馆喝葡萄酒。在开张那个愉快的夜晚，诗人决定以墨西哥诗人洛佩兹·维拉尔德的名字给酒馆命名。如今，“‘洛佩兹·维拉尔德’避风阁”酒馆却物是人非。席间，我们给被捕作家的家属筹了款。酒馆里还有许多失业的人进进出出，四处徒劳地寻找养家糊口的差事。文学和诗歌也已不再是“作家之家”沙龙的主题，艺术家的生活也不再笼罩在波西米亚主义的光环下。诗人易玛·阿斯托尔加——一个棕皮肤、黑头发，喜欢穿戴得珠光宝气的女人——在席间默默流泪。她父亲住的工人小区已经被封锁了，外人禁止入内，她也好久没见过父亲了。她提起家里亲戚在苏马儿纺织厂的遭遇还是心有余悸：那是九月政变“黑暗星期”后，她家亲戚回到工厂，却发现成卷的布料旁堆着好多已经腐烂发臭的工友尸体……工人们不得不亲手把尸体处理掉。

政变刚爆发后，一次，我曾问新当选的智利作协主席路易斯·桑切斯·拉托雷：“我们能做点什么？”他脸色黯淡，却坚定地说：“写作，继续写作。就算像库尔齐奥·马拉帕尔特一样——就算得把纸张塞进树洞里、藏到石头下，也要坚持写作。”

魂牵梦绕

圣地亚哥总公墓里，墨西哥公民墓园的壁龛上贴满了“NN”打头的纸片。让我无法完全理解的是，这些在智利军政府对人民的恶战中阵亡的墨西哥人，却没有得到智利左翼政党和国际人权组织的承认，因此无法受到国际公约对战时被俘、被销声匿迹、遭受严刑拷打的人质和战犯的保护——阵亡的墨西哥人仅被视为烈士。这种立场不但剥夺了外国战士应享有的保护，也抹杀了他们的功劳。

直到 1994 年，才有一位年迈的守墓人为此事作证。守墓人曾在墨西哥陵园里掘出了许多当年“被消失”的人的遗骨，包括安立奎·帕里斯医生，后来也发现了爱德华多·帕雷德斯医生的遗骨。

聂鲁达在智利黑岛家中的写字台
——诗人代表作之一《漫歌》便诞生于此。
出处：智利国家图书馆作家档案

聂鲁达的遗愿是葬在黑岛——这和诗人在其生活和创作中与自然神交的不懈追求相符。但很多年过去了，遗愿却迟迟未能实现。诗人已尘归尘，土归土——但他的作品却得以永生，就像一位老学者所说的那样：

> 聂鲁达的诗句有种开天辟地的力量：他的语言唤醒了我们对整个地球的意识，启发我们表达、探索万物——这都是他的诗歌不可忽视的特质。要聂鲁达有感而发的诗歌做到“缓和适度”，就好比要求热带雨林整齐有序，或者强求火山不许喷发。

聂鲁达逝世一周年的时候，我回到公墓悼念诗人。那时，马蒂尔德已在智利定居。她接到阿德里安娜·迪特伯恩让她从家族陵墓转移聂鲁达遗体的信后，决定把诗人的遗体搬进“墨西哥陵园”墓碑下、墙上的第四十四号壁龛里。墓碑上刻着一行短短的字：“巴勃罗·聂鲁达，1973年9月23日。”

我们怎么也想象不到的是，诗人的遗体竟会从此开始一场冥间之旅。

诗人的遗骨仍然离大海很远，而墓园远不是诗人所向往的安息之地。聂鲁达渴望的不是这一片十字架的海洋，而是躁动、野性、象征着生命和活力的汪洋。墨西哥陵园里还埋葬着歌手维克多·哈拉的遗体、“革命左派运动”游击队队长米格尔·恩里奎斯和十来位年轻的智利人的遗体。时过境迁，我已记不清墓碑上镌刻的名字和墓志铭里的字句了——“献给为捍卫理想而死的我心爱的儿子。”“某某兄弟为正义献身，并安息于此。”“我亲爱的丈夫：我会和孩子们一起把你的斗争进行到底。”语句虽短，却触目惊心，铿锵有力，与常见的墓碑题词不同。我看到墓碑生卒年份旁边有几行字是不久前才刻上去的。原来，许多受难者正值花样年华就被暗杀了，而他们之间的大多数都在 1973 年 9 月到 1973 年年底之间遇害。

我本想掏出纸笔抄下墓碑上的话，但我不敢：死亡使者——一个国家情报局的便装秘警——就在我注视墓园壁龛的时候也没把目光从我身上移开。他骑着摩托车在公墓里不停地兜着圈子来回巡视，把所有进出公墓的人们——作家、记者都尽收眼底。

马蒂尔德在壁龛前伫立了整个上午。男女老少进进出出，每人手中都拿着一朵红色康乃馨。渐渐的，聂鲁达的壁龛前堆满了花朵。年轻人也三三两两地来了。他们身手敏捷，很快把墓前的花朵码放整齐，摆上一张有聂鲁达照片和一段悼词的剪报，又把红色康乃馨别在剪报的四个角上。他们有的用黑笔在大理石墓碑上写着："巴勃罗·聂鲁达，到！"[①]"打倒法西斯军政府"，有人写下圈起来的字母R代表反抗（resistencia）。年轻人们也把红色的康乃馨摆在维克多·哈拉、米格尔·恩里奎斯和其他遇难者的壁龛前。死亡的使者继续绕着公墓巡逻。更多的年轻人出现了：几个身穿长裤绣花衫、戴着项链、长发飘飘的女孩子，每人手持一朵康乃馨，一到墓园就迅速行动起来。几个瘦瘦的男孩子站在壁龛旁边，女孩子们用双手把墓碑擦得锃亮。孩子们给诗人留下了书信和写着悼念话语的、作业本上撕下的纸，有白色、粉色、天蓝色，一张张折叠起来堆在墓前。纸上有的摘抄了聂鲁达的诗句，有的写着说给诗人的话："巴勃罗，别担心你亲爱的马蒂尔德，她并不孤单，我们会照顾好她的。""巴勃罗，你的斗争并没有结束。我们会坚持下去，直到取得胜利。""巴勃罗，我们要么胜利，要么牺牲，但军政府会倒台的！""巴勃罗，

① 意为诗人的反法西斯精神永垂不朽。

不到把我们民族从法西斯主义中解放出来我们决不罢休！”载着话语的纸片越堆越高，马蒂尔德把滑下来的纸片一一拾起。

正在这时，一个衣衫褴褛的掘墓老人蹒跚而来。他饱经风雨的面孔和褪了色的衣裤都是泥土一般的棕色，只有头发是灰白的。老人脸上布满一道道沟壑般的皱纹，一动不动，面无表情。他盯着前方开始数数，却只发声，嘴几乎连动也不动。据说，所有的壁龛里都存着不止一人的遗体，所以无法确知整个公墓到底埋葬了多少人。据说，老人常常藏在坟墓之间，看着堆满尸体的卡车一辆辆开进公墓。士兵们不让掘墓人接近，就自行把尸体掩埋了。掘墓人整了整墓前的鲜花，清理了一下盛有干枯花朵的瓶子。死亡的使者继续在四处巡逻。掘墓人收起自己的瓶瓶罐罐，隐蔽在同样是泥土色的坟墓中离去了。不远处是托阿家族的陵园，何塞·托阿部长的尸体曾从道森岛的牢狱里抬出并葬在那里。墓园四周的格栅上也插满了红色的康乃馨……

在聂鲁达获得诺贝尔奖二十一周年纪念日后的第三天，诗人葬在海边的遗愿终于实现了。

那是诗人的第三次下葬。

聂鲁达的遗体从总公墓墨西哥陵园中抬出来的时候，诗人的侄子鲁道夫·雷耶斯取出叔叔的腰带——曾见证诗人死时丰盈体态的腰带，把它放进了新棺材里。诗人逝世十九年之后，他的遗愿终于实现了。1992 年 12 月 12 日，聂鲁达的遗体被转移到黑岛下葬，马蒂尔德也长眠在那里。

但诗人遗体的“冥间之旅”并没有结束。

2013 年 4 月 7 日，由于有人怀疑聂鲁达死于暗杀，诗人的遗体第三次被掘出。爱德华多·康特雷拉斯律师要求验尸。于是，聂鲁达的遗体从黑岛运往圣地亚哥进行分析化验，以确定诗人之死是否有第三方介入犯罪。圣玛利亚医院的病历都已消失（虽然法律要求所有医院诊所必须保存病历四十年方可处置），也没有诗人死前几小时被注射镇静药物的记录，但智利《三点钟报》和《信使报》1973 年 9 月 25 日刊却有文章证明诗人死前曾被腹部注射镇痛剂，镇痛剂引发的惊厥造成诗人心脏病发作而死。那篇新闻报道通过了军政府的审查，信息来源是圣玛利亚医院。

智利政府2015年1月15日发表公报，宣布开展对聂鲁达死因的调查：

2015年1月9日，在智利政府的要求下，内政公安部人权项目开展了对上诉法院院长马里奥·卡洛萨·艾斯宾诺萨提出的、为澄清诺贝尔文学奖获得者、智利前大使、参议员、诗人巴勃罗·聂鲁达死因而进行的调查。政变爆发后，聂鲁达在圣玛利亚医院住院期间于1973年9月23日死亡。此前，诗人曾接受了墨西哥总统艾彻瓦利亚先生的邀请，正准备9月24日前往该国。

由于2013年毒理测定未得出定论，原告（智利共产党和聂鲁达的侄子侄女）要求政府设立新的专家组来对聂鲁达遗体进行蛋白质组和基因组化验。2013年的化验旨在通过毒理测定来确定聂鲁达是正常死亡还是由于第三方介入而死，但同年11月7日得出的结论为"聂鲁达遗体中并未发现可能将其致死的化学物质"。

2013年11月14日，专家组对报告进行了扩充，并指出“毒理测定结果为阴性……但不足以排除病人在死前几小时内被第三方注射化学、生物或辐射物质而出现健康状况急剧恶化的可能”。

新的专家组成员包括西班牙专家弗朗西斯科·艾彻贝利亚和奥雷里奥·卢纳、智利基因专家克里斯蒂安·奥雷戈·本纳温特医生和实验室专家格罗丽亚·拉米雷斯·多诺索医生，以及重症护理、支气管肺病专家路易斯·索托·罗曼医生。通过基因、微生物及法医鉴定，专家组将能检测出遗体内的无机物、重金属或外界引入的有机物，从而确定遗体生物组织外可能直接或间接引发聂鲁达死亡的物质存在与否。

智利政府在此项调查中的参与仅限于履行其国际职责，即澄清1973年9月11日至1990年3月10日之间国家恐怖主义所造成的人员死亡之原因。

智利内政公安部人权项目处

阿尔瑟，死在暴政铁拳下的诗人

一天早上，沃梅罗·阿尔瑟给我打电话，请我到他家喝茶。我惊讶地发现，坐在妻子劳拉·阿鲁埃身边的阿尔瑟竟一脸黯然悲伤。

沉浸在悲哀中的阿尔瑟仍不失绅士的儒雅，表达负面感情也不失礼仪。他告诉我，马蒂尔德羞辱了他。阿尔瑟在聂鲁达认识马蒂尔德很久以前就和诗人成了朋友，两人甚至可以说是情同手足。直到聂鲁达生命的最后一刻，阿尔瑟作为诗人的秘书，还用听写的方式记下了聂鲁达最后的记忆——后来因为诗人的猝死而无法改写的记忆。

马蒂尔德和阿尔瑟之间的关系出现了无法修复的裂

痕。按照马蒂尔德的说法，阿尔瑟因为怕遭迫害想把聂鲁达《我坦言我曾历尽沧桑》的最后一章删掉；马蒂尔德认为这是阿尔瑟胆小怕事的表现，于是不再与他来往。但按照沃梅罗的说法，这不过是一个二人一刀两断的借口，因为马蒂尔德嫉恨他与聂鲁达“同甘共苦”过。事实上，聂鲁达和他妻子的侄女发生恋情之后，沃梅罗就成了马蒂尔德的眼中钉。聂鲁达病危时，沃梅罗曾陪同阿丽西亚到医院向诗人告别。

两位诗人间的友谊不仅有《沃梅罗来了》一诗为证——这是聂鲁达旅法期间创作的《诗四首》中的一首。他曾邀请阿尔瑟去巴黎，好让这“俭朴的绅士”见见世面：

该了解了解这些人

他们伟大却谦实

对霸权藐视

像木头一样充实

阿尔瑟在巴黎期间，聂鲁达还让友人帮忙挑选录入《巴勃罗·聂鲁达：人民诗人诗歌选集》的诗歌。选集是诗

聂鲁达在法国巴黎塞纳河畔，
1955 年（马科斯·查穆德斯摄影）。
出处：智利国家图书馆作家档案

人获得诺贝尔奖后决定献给智利人民的礼物。

阿尔瑟的妻子劳拉·阿鲁埃是名教师。她曾在第一师范学校读书，年轻的时候也和聂鲁达一样追求“波西米亚式生活”，甚至和诗人擦出了爱情的火花，但劳拉与一生的挚爱——沃梅罗·阿尔瑟·卡布雷拉——却是通过聂鲁达认识的。劳拉和阿尔瑟是阿尔韦托·罗哈斯·希门内斯介绍认识的。两人的朋友迭戈·穆尼奥斯曾说，“在我们的朋友圈子里，劳拉就是智利版的葛丽泰·嘉宝[①]”，而罗哈斯·希门内斯则是当时女生们眼中的“梦中情人”、智利影星鲁道夫·瓦伦迪诺的翻版。聂鲁达曾给劳拉起了“马拉拉”和“圣救主小姐”的绰号。

去亚洲赴任领事后，聂鲁达还不断地给劳拉写炽烈的情书，但劳拉从没收到过这些情书，聂鲁达也没得到劳拉的回信……难道有谁在从中作梗？没错，正是沃梅罗·阿尔瑟——难怪他有个“奥赛罗”的绰号。后来，痴情的阿尔瑟索性与劳拉同居。许多人甚至说是阿尔瑟拐走了劳拉……事

① 葛丽泰·嘉宝（1905—1990），出生于瑞典，美国著名影星，1955 年获奥斯卡终身成就荣誉奖，1999 年被美国电影学会选为百年来最伟大的女演员之一。

实上，沃梅罗为了全心全意和他的真爱劳拉在一起，曾抛下了妻子格拉西耶拉·拉腊因和儿女——包括与他同名的长子小沃梅罗。

曾几何时，阿尔瑟常给一向谨慎的美女劳拉偷偷写情书。劳拉的父亲叫尼古拉斯·阿鲁埃·德·阿维拉德拉罗萨，祖父母是西班牙夫妇马努埃尔·阿鲁埃·德·阿维拉和帕斯库阿拉·德拉罗萨。帕斯库阿拉是历史传说中与黑白混血人塔瓜达“大人”[①]以“决唱”代替决斗的游唱诗人原型、哈维耶·德拉罗萨的直系后裔。劳拉的母亲叫玛利亚·艾都维吉丝·弗拉沃·阿鲁埃，是她父亲的姑表妹，科查瓜市“可卡兰棕榈”庄园主的后代，却因祖父爱赌没能过上几天好日子。劳拉的父亲也是游唱诗人，也记得哈维耶和塔瓜达之间曾以比赛唱诗来一决胜负的佳话。

在阿尔瑟家里，我们一边喝着下午茶一边聊着往事。沃梅罗和劳拉很相爱，也喜欢向其他人表达自己的感情。但沃

①“塔瓜达歌唱对决哈维耶·德拉罗萨”是智利著名的历史传说，相传发生在1830年智利的圣维森特德塔瓦塔瓦镇。根据传说，两人以“对山歌”的方式来争辩，经过长达八小时的数个回合后两人将即兴创作的诗歌记载了下来。其中，塔瓜达代表受压迫的人民，地主哈维耶·德拉罗萨代表新生的智利共和国。

梅罗说起马蒂尔德的时候忽然陷入了悲伤："马蒂尔德对我太狠了……她故意躲着我，就好像没有我这个人一样……"

临走时，劳拉忽然埋怨道："你怎么不给我个表达感情的机会？你收下我自己做的好吃的吧！"话音刚落，这好客的科查瓜人就塞给我一袋自家烤的面饼。沃梅罗把我送到公共汽车站，嘱咐我一到家就给他打电话报平安。为了让他放心我照办了，但我没想到的是，那一别竟是永诀。

劳拉·阿鲁埃把她关于阿尔瑟死亡的亲笔证言收录在她的著作——《回忆的窗口》里。劳拉也把她的证言交给了作家马蒂尔德·拉德龙·德格瓦拉，作家又把它交给了埃内斯托·萨瓦托[①]；萨瓦托把它写进了自己的一本书里。沃梅罗·阿尔瑟是匿名犯罪的受害人——1991年聂鲁达纪念活动举行期间，艾德蒙多·孔治[②]曾在智利国家博物馆演讲，并声讨了这一暴行。阿尔瑟的名字没有出现在《瑞提格报告》[③]中，但他被军政府拘捕，严刑拷打到不省人事，

① 埃内斯托·萨瓦托（1911—2011），阿根廷作家、画家。

② 艾德蒙多·孔治（1918—1998），智利作家。

③《瑞提格报告》正式名称为《真相与和解全国委员会报告》，是1991年智利总统帕特里西奥·艾尔文要求对军政府期间造成受害者死亡或销声匿迹的人权罪行的调查，以委员会主席瑞提格命名。

几天后就在巴罗斯·卢克医院不治而亡……那是 1977 年的 2 月 2 日，早上大约十点，沃梅罗从家里出门，但直到第二天凌晨四点才回家。沃梅罗头发凌乱，满眼血丝，曾对劳拉说道：“我身体很难受，要躺一下。”

入院体检时，医生发现阿尔瑟耳后有道钝伤，他的身份证也不翼而飞。阿尔瑟突然大喊起来，“劳拉，救救我！”2 月 6 日，阿尔瑟在巴罗斯·卢克医院里逝世。劳拉和阿尔瑟没有孩子，没过多久，劳拉也撒手人寰。

那天早上，阿尔瑟刚去国库提交了公务员退税百分之五的申请。之后一出门就出了事。沃梅罗说只记得自己眼前一黑，于是请求警察陪他到中央医院急诊。但是，中央医院并没有沃梅罗就医的记录。阿尔瑟随身带的东西除了身份证都还在，而警察却无影无踪。

几个小时后，被拷打得奄奄一息的阿尔瑟回到了家，剩下的力气只够喊妻子：“劳拉，救救我！”

劳拉提到丈夫时说：“他是个好人。这事让我们两人都很受伤。”

沃梅罗·阿尔瑟，这位温文尔雅的绅士给世人留下了完美的十四行诗——《树和其他叶子》《献给圣地亚哥之歌》，还有朗诵录音的《烈火康乃馨》（阿尔瑟在菲利普唱片公司1965年录制）。让人更难忘的是，所有聂鲁达的诗集和诗人大部分的书信都是经阿尔瑟的双手在打字机上写出来的，用劳拉·阿鲁埃的话说：“他（给聂鲁达）奉献了半生的心力。”

固本开新，百花齐放

聂鲁达的诗歌对美洲以外诗人和知识分子的政治影响值得进一步研究。为了分析聂鲁达的作品影响力的奥秘，我们也许可以从体验他诗歌的感染力开始。

聂鲁达的诗歌已被译成许多种语言：德语、亚美尼亚语、阿拉伯语、保加利亚语、捷克语、汉语、丹麦文、斯洛伐克语、爱沙尼亚语、世界语、法语、芬兰语、格鲁吉亚语、希腊语、希伯来语、匈牙利语、英语、意大利语、冰岛语、荷兰语、日语、拉脱维亚语、立陶宛语、波兰语、葡萄牙语、俄语、罗马尼亚语、蒙古语、瑞典语、土耳其语、意第绪语……聂鲁达诗歌的文学和政治影响主要有两点：唤起读者了解美洲、美洲人民和历史的兴趣，从而理解自己在世界上的位置和美洲在世界语境下的意义。

美国斯坦福大学教授、T.S. 艾略特研究专家约翰·费尔斯迪纳就受到了聂鲁达的影响，他提到了一次极具启示意义的经历：

> 所有在那个历史时期——1972 年 7 月——想写点关于《马丘比丘之巅》的美国人，都必须接受自己在美洲悲剧故事中所扮演的角色——虽说“悲剧”这字眼不太合适——它一定程度上美化了这片大陆的遭遇，夸大了它的高贵。

费尔斯坦纳补充说：

> 《马丘比丘之巅》是个人通过对其大陆的历史补偿来救赎当下所进行的斗争，因此，这首诗不可避免地把读者带回那个遥远的历史时空。

约翰·费尔斯迪纳 1967 年第一次携妻子访问智利。费尔斯迪纳教授来到智利大学开设了一门美国文学课。开学前，费尔斯迪纳先在美洲各国游历了一个月。那时，他还不会讲西班牙语，于是他找来一本西英双语对照的《马丘比丘之巅》，在登上马丘比丘遗址之前读完。这一切都充满了启示意义，他说："直到后来，我在智利待了一个多月后才终于明白，同时发现一块大陆、一种语言、一位诗人给我的内心带来了多么深刻的转变。"

聂鲁达法语传记的作者让·马塞纳克在《当代诗人》（1954）中写到，聂鲁达的诗不仅给他的想象力开辟了新天地，也使他在智利诗人身上看到了"他性"，从而使他离人类大团结更近了一步。提到聂鲁达的诗，马塞纳克写道：

我曾和你生活在阿劳卡纳的土地
在那里，一听到劳塔罗的名字
负伤的勇士便揭竿而起
而你的字句带我回到童年
回到那愤怒的襁褓里

聂鲁达常被比作一棵大树，它繁茂的树荫遮天蔽日，限制了其他植物的生长。毫无疑问的是，聂鲁达的影响是压倒性的，但他诗歌的巨大力量也鼓励了其他诗人，教他们不做反射其光辉的卫星，而是发出自己的光芒——比如尼卡诺尔·帕拉、安立奎·林恩[①]、豪尔赫·特里耶尔、阿尔曼多·乌里韦等等。

事实上，聂鲁达经常鼓励、提携其他作家和艺术家——他的胸怀大度无可指摘。聂鲁达曾热心给年轻诗人的诗集作序，来发掘新生一代的闪光点；他给艺术家名录里的画家写简介，毫不吝惜溢美之词。聂鲁达能敏锐地发掘、引荐新秀：聂鲁达推介了安赫尔·克鲁查加[②]的诗集、比森特·维多夫罗诗集的法语译本《跨越国界的诗歌》，还有许多年轻诗人——胡安·德·路易吉、迭戈·穆尼奥斯、胡文西奥·瓦耶、普拉戴克西斯·乌鲁蒂亚、斯黛拉·迪亚斯·瓦林[③]、易玛·阿斯托尔加[④]等等数不胜数的新人作品。聂鲁达还发掘了故事集《十》的作者胡安·埃马尔，并给阿尔方索·阿尔卡尔德[⑤]的《死城情歌》（纳西门托出版社，1947

① 安立奎·林恩（1929—1988），智利诗人、剧作家、小说家。

② 安赫尔·克鲁查加（1893—1964），智利诗人，1912年与诗人比森特·维多夫罗共同创办《年轻缪斯》杂志。

③ 斯黛拉·迪亚斯·瓦林（1926—2006），智利“50年代”诗人之一，其诗歌的深刻意义和哲理与她颇受争议的生活使她成为了智利现代诗歌史上的分水岭。

④ 易玛·阿斯托尔加（1920—1999），智利诗人、小说家。

⑤ 阿尔方索·阿尔卡尔德（1921—1992），智利诗人、记者、小说家。

年出版，胡里奥·艾斯卡美斯插画）作了序——虽然阿尔卡尔德自己苛刻地认为此诗有很多不成熟的地方，并把它在一场“欢喜的仪式上烧毁”。聂鲁达用诗表达了自己的不快。

写给阿尔方索·阿尔卡尔德

是谁在呼唤他们?
是森林，
来自沙砾的雨，一滴，又一滴
在地下的黏土上
留下烧焦的
银白的印
宛若走失了的鞋印

来了几个诗人
你——阿尔方索
你从海边的城市走来
手里捧着烟雨
你还能织出
朝晨深意的清冷之线

很快，你和他们一样
你来自林中的荣光
迷失在木屋之间
沉默不言
栉风沐雨
身披沙砾
你乘火车、飞机离去
却留下你颤抖的宽边帽
和那新树扎根的天地

你真诚的
巴勃罗·聂鲁达
1947 年 5 月

1946 年发生了“布尔内斯广场屠杀案”：六个参加智利总工会组织抗议的工人遇害，其中包括年轻的拉蒙娜·帕拉。《1 月 28 日》纪念册收录了聂鲁达的诗歌和何塞·万徒勒里的版画。1951—1952 年之间，聂鲁达曾委托万徒勒里在智利出版《漫歌》（诗集已在墨西哥出版，并配有大卫·阿尔法罗·西凯罗斯和迭戈·里维拉的插画)。万徒勒里接受了此项艰巨的任务。

万徒勒里除了为在智利秘密出版的《漫歌》创作了插画，还给诗集做了图文和版面设计。智利版《漫歌》的出版信息是假的——书上印着“墨西哥城华雷斯出版社”。《漫歌》在智利印了五千本，每本468页，27 cm×19 cm大开本，大约用去了四吨纸。万徒勒里给《漫歌》创作的版画作品中，有一幅名为“复仇者”，画中一位骑士高举一支长柄三叉戟。骑士复仇者的形象也在智利大学主校区的大学书店以壁画的形式现身。

在文学上，聂鲁达曾鼓励他的秘书玛格丽塔·阿吉雷走上文学创作之路。阿吉雷写出了第一本聂鲁达传记。后来，她成了智利最出色的作家之一，但她的作品却没有引起学者的注意。

玛利亚·弗洛拉·亚涅斯曾不厌其详地讲述了自己到布宜诺斯艾利斯后诗人如何热情接待她，甚至给她置办了一场宴会，把她隆重地介绍给当地艺术家和知识分子圈。

和鲁文·达里奥一样，聂鲁达的命运自从一开始，就注定将围绕着两个城市转——圣地亚哥和布宜诺斯艾利斯。

玛利亚·弗洛拉·亚涅斯如实讲述了玛利亚·路易莎·邦巴尔如何在聂鲁达阿根廷的家中开始发挥她妙笔生花的写作才能。邦巴尔失恋后，聂鲁达曾决定像对待亲人一样把朋友接到家里住。玛利亚·弗洛拉生动地记下了诗人在布宜诺斯艾利斯的日子，也给西语文学史上一个关键时刻留下了证言。1933 年 10 月 28 日，周六，聂鲁达在笔会餐会上结识了加西亚·洛尔迦[1]。在场的还有乌拉圭作家安立奎·阿莫里姆，阿根廷诗人费尔南德斯·莫雷诺、康拉多·那雷·若克斯洛、罗贝托·拉卯黑、奥利韦里奥·吉龙铎，阿根廷作家罗哈斯·帕斯、诺拉·兰赫、冈萨雷斯·卡瓦罗……诗人亚马多·比亚尔介绍两位诗坛巨匠相互认识，他还把聂鲁达称为“和鲁文·达里奥、加西亚·洛尔迦和维多夫罗齐名的、最伟大的西语文学家之一”。

那时，聂鲁达很欣赏智利最杰出的摄影家之一——安

① 费德里科·加西亚·洛尔迦（1898—1936），二十世纪最伟大的西班牙诗人，“27 年一代”代表人物，著有诗集《吉卜赛人谣曲集》，戏剧《血腥婚礼》等。

东尼奥·秦塔纳的作品。诗人在床头挂着由秦塔纳拍摄、以安第斯山脉为背景的圣地亚哥宽阔的主干道，也在家里装点着摄影家镜中的首都森林公园，和未被秋风染黄的、海滨小径两旁的绿树。经摄影家费尔南多·奥帕索证实，诗人家里的摄影作品的确出自秦塔纳之手。许多年后，奥帕索翻拍了聂鲁达家中的秦塔纳作品并办展览来纪念两位艺术家。秦塔纳曾是诗人的邻居和密友，他拍下的聂鲁达和马蒂尔德在意大利卡普里岛的照片广泛流传。秦塔纳原是化学教师，在伊瓦涅斯执政时期免遭迫害，之后开始潜心研究摄影，并把化学知识运用到了艺术创作之中，成了智利成功用相机还原艺术作品色阶的第一人，是胡安·弗朗西斯科·冈萨雷斯[①]和其他智利绘画大师作品的御用摄影师。秦塔纳摸索出了摄影中透视投射变形问题的矫正方法，从而拍出了完美的雕塑照片。秦塔纳曾在智利大学秘书长阿尔瓦罗·邦斯特的协助下举办了大型展览——《智利的脸孔》，让世界认识了智利的同时也通过照片认识了秦塔纳和奥帕索的面孔。

聂鲁达是最早赏识黑岛刺绣纺织艺术的人——那缘起

① 胡安·弗朗西斯科·冈萨雷斯（1853—1933），智利绘画四大名家之一，智利现代绘画的先驱，一生创作了四千多幅绘画作品。

于建筑师雷奥诺·索夫里诺举办的一场展览。出任智利驻法国大使时，诗人不忘把这正宗的民间艺术带到巴黎展出。维奥莱塔·帕拉也从1958年开始编织挂毯。很快，这生于逆境和苦难的艺术就像星星之火一样传播开来，成了全世界女性表达心声的方式。

聂鲁达主持的沙龙总是人们热烈讨论文学、生活、分享所见所闻的场合。他善于发现各种表达创造力的新方式，但有些大事在他眼里也成了鸡毛蒜皮。我们在黑岛度过的那个夏天里，聂鲁达曾请我和丈夫去他家里共进晚餐；我俩坐在吧台前，诗人陶醉在自导自演的酒保角色中。诗人家里的横梁上刻满了友人的名字。他一边给我们斟酒，一边讲起自己在西班牙的往事。我们问起马璐佳的情况，诗人打趣地作哀伤状，“她是个体型巨大的女人，需要吃很多东西。我们住在马德里的时候，有时候家里只剩下一罐沙丁鱼，她居然能吃得津津有味，而我只能呆呆看着她……”诗人提到“对手”德罗卡，兴奋地说两人是好哥俩，说德罗卡更是恨不得让聂鲁达当他小舅子：“他千方百计想让我娶他妹妹，”聂鲁达说，“他妹妹也一封接一封地给我写情书……”我们禁不住问，“情书里说了些什么？”聂鲁达笑道，“……尽是些错别字。”

聂鲁达在法国巴黎逛旧货市场，
1955 年（马科斯·查穆德斯摄影）。
出处：智利国家图书馆作家档案

那是很特别的一天。饭前，诗人曾来家里接我们，送给我们一首新作——《船歌》，题词曰："1968 年 1 月 15 日，给叶尔科和夫人。欢迎你们来到这片土地！——巴勃罗·聂鲁达。"

那天早上，我和丈夫去圣安东尼奥镇的菜场赶集，买了满满一篮子蔬菜水果正要上车回家，不巧公交车已经悄无声息地涨了票价，我生气地大声抗议起来，想以此启发全车的乘客和我一起声讨涨价。我丈夫不断地求我闭嘴，但我却越来越气。忽然，一个理着一头利落短发的男人——原来是便衣警察——快步走到我丈夫面前说：

"您跟我来。"

"闹事"的是我，但我丈夫却被带到最近的拘留所去了——如果没记错的话应该是拉斯克鲁斯的拘留所。我看得目瞪口呆。一到黑岛，我放下篮子跑到聂鲁达家给他讲了我的遭遇。诗人本来正要睡午觉，一听立刻来了劲儿，兴奋地对马蒂尔德说：

“潘托哈[1]，咱救犯人去！”

我们三人到了拘留所。聂鲁达展示了惊人的口才，仿佛自己是处理这种事的老手。他付了罚款，要回了叶尔科的手表、鞋带和腰带。他把我们送回家，高兴得大声宣布：

“你俩好好休息一下，照看好孩子。今天晚上来我家聚会，庆祝自由！”

傍晚，诗人高兴地迎接我们。邀请我们进餐之前，聂鲁达刚刚读了推理小说。我忍不住问他借了达许·汉密特的《红色收获》和亨利·菲茨杰拉德·希尔德的《蜜的味道》。两本书的主人公正是大名鼎鼎的福尔摩斯。我恭敬地答应读完物归原主，但至今也没能兑现……

我又想起一桩趣事（这又展现了聂鲁达性格不为人知的一面）：还是在黑岛，我俩和聂鲁达、马蒂尔德，还有一对年轻夫妇共进晚餐。我们走进餐厅坐下来，但奇怪的是，我们没有围着大圆桌坐下，而是所有的人坐到了同一边。空

① 诗人对妻子马蒂尔德的昵称。

座前的桌上摆着一只像托盘一般大小的巨型海螺壳。来做客的年轻妇人开始坐立不安；终于，她掩饰不住自己的紧张脱口而出：“哎呀，巴勃罗，我不能坐在一只海螺边上，这太不吉利啦。兄弟呀，求求你，别为了一只海螺……”聂鲁达打断她，对马蒂尔德说：“潘托哈，请你把海螺拿走。”之后继续谈笑，就像什么也没发生一样。马蒂尔德并不在意，起身把海螺移走了。年轻夫妇没有意识到，聂鲁达和马蒂尔德喜欢给朴素的事物增添几分魔力。接下来，诗人拿出几只教堂圣杯模样的彩色杯子，斟上葡萄酒。马蒂尔德端出她在卡普里岛学做的烩饭，盛进木盘里分给大家。愉悦的气氛、会心的谈话，一切都那么和美。

酒足饭饱后，巴勃罗仿佛自言自语一般喃喃说道（我记不清他朴实独特的原话了，但大意如下）：“自从古时候起，人类对美就一直心怀恐惧。所以，好些原始部落把最漂亮的童男童女杀死祭祀神灵。人类总是伤害美丽的生物——这也是害怕美的体现：我们不放过举世无双的漂亮鸟儿，彩虹一样闪闪发光的昆虫，那最好的画家也画不出的蝴蝶，像新月一样变幻莫测的蜥蜴，雕塑家做梦也雕刻不出来的仙人掌，和一切大自然为了保护柔弱生灵发明的美妙衣裳。人类总是攻击一切美丽的事物……”

诗人继续饶有兴致地讲述人类在大自然和理念的世界里维护自己权威的、五花八门的方式，尤其是对美的侵犯。他总结说，诗人的任务和使命就是不惜一切代价捍卫美、传播美。他滔滔不绝的话语仿佛把我们带到了史前一个荒凉的夜晚，隔着时空，我们宛若看到噼啪作响的篝火，体会到早期人类面对高贵、纯洁的美的魅力而感到的渺然、抗拒和敬畏。我忽然想起第六女中墙上挂着的字牌，那上面用哥特体墨字写着建校人加夫列拉·米斯特拉尔的字句：“对美的敏感是一切教育的开端。”

诗人的风格“智利”的含义

提到聂鲁达的公民身份，我们必须重新审视一个看上去不足挂齿的细节：聂鲁达建立了一种智利民族风格：这和当时流行的、跟着国外潮流亦步亦趋的风格迥然不同。二十世纪初，借着硝石的繁荣，智利上流社会不论是在家具奢侈品还是室内装饰上都呈现一种对西方“黄金时代”风格的偏好。但聂鲁达创立的风格却建立在认同、接受自己民族身份的基础上。他偏爱智利当地的手工艺品，并把祖国所特有的植物、矿物原料运用到了居家建筑、室内装潢的设计里。诗人懂得如何与自己所有、自己所爱的一切相处共生。

聂鲁达不是暴发户，也不在意社会地位。他没有追求贵族气质的意识，完全是势利眼和附庸风雅的对立面。诗人甚至作诗嘲讽这种智利社会的普遍心态："这蓝色的花瓣/是傲慢的败絮"，他把攀龙附凤的人称作"临时的雅士"，说要"援引章法"来迫使这些人睁开双眼，发现并赏识自己民族的无价之宝。

聂鲁达年轻时曾通过衣着来表达自己的身份，他喜欢"戴宽边帽，穿比像父亲那样的铁路工人常用的大衣更加厚实暖和的灰呢大衣"。画家佩德罗·奥尔莫斯提到聂鲁达的穿衣风格时曾说，"聂鲁达的衣装是他性格的写照。甚至可以说他开创了长大衣、贝雷帽的时尚。一次，他穿了一件黑色外套从智利南方回来。所有人都对他的衣着赞不绝口——说它素雅又不凡——而这只是一件智利牛仔斗篷，农民的服装！巴勃罗发掘了斗篷的不同穿法和用途，而我作为一个阿空加瓜[①]的牛仔和一个热血青年的好儿子，我帮聂鲁达保守了这个秘密。"

聂鲁达喜欢各种戏装和面具。智利雕塑家多蒂拉·阿尔伯特曾给诗人设计了一个面具，面具的形象也作为插图在

① 阿空加瓜是南美安第斯山脉最高峰，奥尔莫斯自称"阿空加瓜牛仔"是戏谑自己是南美的山里人。

身披传统农夫斗篷的聂鲁达，
智利特木科，1971 年（豪尔赫·阿拉维纳·雅安卡摄影）。
出处：智利国家图书馆作家档案

《大地上的居所》第一版（纳西门托出版社，1933 年出版）的第四页出现。很快，面具的形象随着书本在大地居民之间的流传而广泛传播。随后，面具的形象烙在了皮革上、金属上、木制品和许许多多其他材质上，但聂鲁达最喜欢的是殖民时期油画风格海报上的面具形象——因为这样，艺术就能张贴在街上，成为公共空间的一部分。

从一开始，聂鲁达就决定在每句诗的结尾只用问号或者叹号。从他出版的第一本诗集开始，诗人就开始注重图文设计，这正如他在《狂歌集》和在《字体颂》中所言："我把诗献给自从我童年时代就和我一同进出印刷厂的人们——献给我国的印刷工人和工友们，献给曾在危险时期出版我诗集的朋友们。"聂鲁达对诗集的插画也饶有兴致，不少智利杰出画家的作品也在诗人的书里亮过相：安图涅斯、卡雷尼奥、艾斯卡美斯、万徒勒里、马里奥·托拉尔，还有画家和纺织艺术家艾克托·埃雷拉的作品。画家奥斯瓦尔多·萨拉斯给好多本聂鲁达的诗集设计了封面。同时，聂鲁达的作品和生活也启发了很多艺术家：马里奥·卡雷尼奥就曾在黑岛船头木雕的启发下画出了一系列以海边女子为题的油画，并在 1982 年获得了智利国家艺术奖。

聂鲁达善于挖掘属于美洲的元素，不论是手工艺人的作品，还是大自然的杰作，不论是海螺、面具，还是做圣饼的模具、音乐盒，都被酷爱收藏的聂鲁达纳入家中。诗人很早就开始收藏各种物品，而他最早的藏品则是一件件来自森林的宝物——书籍——古书、介绍诗人的书、特别版书，而聂鲁达最爱的则是头版书和手稿。多年后，诗人把他最珍爱的两类收藏品——图书和海螺——送给了他心爱的城市和居民：他在五十岁生日时把两者捐给了智利大学。通过这慷慨之举，诗人在给予的过程中也奉献了自己。

聂鲁达的创作中吸收了很多智利的民俗元素。弗朗西斯科·克洛安忆起，一次，他曾看到诗人站在一把椅子上，把一面面小小纸旗像树枝一样摆满大厅，来装饰墨西哥大画家玛利亚·伊斯基耶多举办宴会的场地。

聂鲁达的藏品在学生时期各个膳食宿舍之间辗转多年之后，终于在诗人自己建的家里落户，展示在吧台上、会客室里、餐厅中。

聂鲁达说他自己“疯狂地爱着”各式各样的东西。像智利作家米格尔·罗哈斯·米克斯所说的那样，诗人对万物感性的眷恋折射了他对人类、对生活的爱。诗人收集海螺、酒瓶，还有并不值钱的、用完便可丢弃的物品——火柴盒、旧明信片，还有手部雕像——包括一只青铜的马蒂尔德手部雕像，工具、鹅卵形矿石、海水磨圆的石头、独角鲸的角、复活节岛的雕像、非洲面具、船上的家具、舷窗、船甲板、象征航海生活的物品——尤其是船头雕，无一不反映了诗人童年热爱过并渴望拥有的一切：特木科店铺的招牌、甲虫、蝴蝶标本。诗人的收集中不断浮现出珍品、罕见的物品和他独特的癖好；收藏激发了诗人的想象力、联想力、表现力。聂鲁达生活在他的宝藏之中乐此不疲：他喜欢摆弄、整理、给收藏品赋予新的可能性，让它们与自己的家融为一体，并给予它们生命与灵光。

在智利这片常常遭受暴雨、湍流、地震、海啸侵袭的土地上，只有一座牢固的房子才能给人安全感。像智利南方的拓荒者、圣地亚哥棚户区的贫民一样，聂鲁达也有搭建避风港的本能需求和一种开拓者的精神。诗人一般自己设计、自己建造房屋，雇建筑师只是为了确认想法的可行性。诗人常常从一个房屋的“核心”或结构性工程开始，一砖一瓦、一石一木，加上圆拱门，用上旧房子拆下来的建材，又加入树干圆盘、海螺、玻璃瓶等等：这劳动成果不仅仅是家，还是一种装置艺术——它用戏谑常理、富有诗意的布景打破了设计的平衡。诗人自创的“智利”设计风格在戏剧化的历史情况下更为凸显：流亡海外的智利人家总能被轻而易举地辨识出来——智利人家里常挂着斗篷、披肩、针织的布料、各式手工艺品，还有废弃不用的厨具、铁熨斗、有缺口的铁锅……

作家马里奥·罗德里格斯·费尔南德斯在一篇名为《寻找快乐的空间：聂鲁达诗歌中家的形象》的散文中以独特的视角阐释了诗人几处家的侧重点。

聂鲁达的家和家中的收藏品都是诗人靠自己的双手获取的，而这也反映了一个独特的现象：聂鲁达是智利，甚至也是拉美唯一一位从早期就靠写作谋生的作家。正因如此，“聂鲁达靠黛丽亚的家世维持生活”的谣言不攻自破。黛丽亚的家庭曾因生意失败而破产，长期生活在印度的黛丽亚和妹妹也受到了影响。“小蚂蚁”黛丽亚对物质生活完全不感兴趣。她在认识聂鲁达、移居西班牙之前、在法国生活的期间就曾向拉斐尔·阿尔韦蒂毫不避讳地提过自己的窘境。

在聂鲁达的几个家里，烟囱是每栋建筑的“心脏”：黑岛之家的烟囱由玛丽·玛特纳设计，是一座镶着紫水晶的青金石烟囱。巧思宫的烟囱是青铜的，位于隐蔽卧室的一隅，下面是唯一通往卧室的楼梯；烟囱上镶着交织在一起的“P”和“M”两个字母，分别代表巴勃罗·聂鲁达和马蒂尔德·乌鲁蒂亚。“塞巴斯提安娜”的烟囱也是铜的。“米乔坎公馆”有两座烟囱——卧室顶上有座石烟囱、餐厅顶上有座主烟囱。最引人注目的是诗人“林中之家”的烟囱——这墨西哥风味十足的烟囱保障排烟通畅，让诗人能在庭院里生起篝火，在温暖国度清凉的夜晚继续享受户外的美丽。有烟囱的庭院一隅也成了庆祝乔迁之喜所用的镜框式舞台，智利实验剧场创始人、戏剧导演佩德罗·德拉·巴拉也曾用它练习场面调度。

曾有人误以为“林中之家”是座希腊式圆形剧场；甚至有人说，俄国芭蕾舞团曾在那里演出——但舞蹈演员怎么可能双脚踩着铺满碎石的地面，在临时的舞台上翩翩起舞呢？给“林中之家”命名的黛丽亚曾说，这栋房子之所以在一个公园背面选址建设，是为了让聂鲁达满足“家里有一小片智利南方森林”的愿望。在“林中之家”，诗人常常隐身在绿荫环绕的书房里笔耕。书房里有两根巨大树干做的顶梁柱，一面石墙，一座嵌入式烟囱，一把锯木架，一座小阁楼，侧面还有一间小木屋。

聂鲁达是恋家的诗人，他最喜欢的事就是在家款待客人。从很久以前，聂鲁达的家就成了诗歌爱好者“朝圣”的地点之一。聂鲁达被禁入参议院、遭迫害流亡后，诗人黑岛的家对前来参观的人群开放，结果诗人收集的火柴盒——包括封面能与精美邮票媲美的捷克火柴盒——都不翼而飞了。

聂鲁达建造的房屋之中，三座最重要的已成为了观光胜地，仿佛诗人的故居也成了他诗歌的一部分——虽然读诗的人越来越少了。让人并不乐观的是，聂鲁达也引来了一部分对他作品一无所知的狂热追随者。目前，聂鲁达的故居是智利首要旅游景点之一：其中，诗人的黑岛之家是游客最喜欢的一座，是“朝圣之地”，也是世外桃源。黑岛之家的栅栏上刻满了到此一游的印迹、诗句和游客写给诗人的话语。对诗人崇拜的狂热也给当地的手工艺人带来了商机：他们出售画着诗人肖像的版画、烫画、刺绣等等无数材质、风格和形状的工艺品。

原来，聂鲁达在定义自己风格的同时，也在世人心中留下了自己的烙印。

聂鲁达＝知识分子?

聂鲁达爱圣地亚哥，圣地亚哥也爱聂鲁达：这座城市从未停止对它心爱诗人的怀念。智利国家图书馆曾在诗人诞辰六十周年举行了一场难忘的庆祝活动，而诗人也借此机会捐出了自己的藏书。这次捐赠的意义非同小可：国家图书馆是智利文化骨架的重要部分；图书馆的创立根植于何塞·米格尔·卡雷拉的建国伟业和文化事业。开国元勋卡雷拉主持的浩大工程也包括出台法令设立培养军官、教育妇女的国家学院。

1813年8月19日，政府官方报纸《阿劳科箴言报》曾刊登了总统法令，宣布设立国家图书馆。“自由国家迈出的第一步就是建立自己的图书馆。”签署法令的执政团成

聂鲁达在智利黑岛的家。
出处：智利国家图书馆作家档案

员——弗朗西斯科·安东尼奥·佩雷斯（从当年4月开始接替卡雷拉）、奥古斯丁·马努埃尔·伊萨吉雷和胡安·埃加尼亚曾如是说。

国家图书馆庆祝诗人生日和捐赠活动时的馆长吉列尔莫·费里乌·克鲁斯说：“这是我们机构第一次对诗歌艺术表示敬意。在我们眼中，聂鲁达是把‘智利’的名字通过诗歌以各国语言传给各国人民的伟人，是用字句让我们体验千万种人类情感的艺术大师。他的诗给我们带来惊喜、希望，给了我们梦幻、理想，并让我们体验到人类面对大自然的无穷时感到的震撼和茫然。”

聂鲁达在黑岛写下的一张亲笔手稿中，诗人感谢了国家图书馆和馆长费里乌·克鲁斯对其作品的关注。诗人写道：“我不喜欢给自己下定论，也没有所谓的教条；我既不是现实主义者，也不否认现实。”诗人还在手稿上画了一朵花。

聂鲁达不爱给自己下定论的立场和维多夫罗所谓的“诗人就是个小小的上帝”的想法有着天壤之别。聂鲁达否认、抗拒后者的说法，甚至在接受诺贝尔奖时含蓄地批评了这位智利“阿尔塔索尔”艺术奖的获得者：

“我认为诗歌的敌人并不在那些创作或保卫诗歌的人们中间，而在于诗人自己缺乏和谐。因此，任何诗人的实质性的敌人都只在于他自己的无能，在与最受愚弄和最受剥削的同辈人相互理解方面的无能，这一点对任何时代和任何地区都是适用的。诗人并不是一个‘小小的上帝’。不是，不是‘小小的上帝’。诗人并非命中注定地要比从事其他工作或职业的人高明。”

如果诗人所说的“上帝”指的是至高无上的创始者、原动者和主宰宇宙万物的神灵，那么维多夫罗的比喻不免过于傲慢。但更确切地说，与文字打交道的维多夫罗是受了希腊语单词poietes的启发——它除了“诗人”，还有“创造者”的含义，所以他所谓的“诗人是小小的上帝”其实是传承了鲁文·达里奥的诗歌理念。达里奥曾在一篇关于卡图尔·孟德斯[①]的文章中写过：

---

① 1888年，鲁文·达里奥在《卡图尔·孟德斯：高蹈派颓废诗人》中写道：“……要把一个想法的光辉局限在悦目的文字组合中，作者的措辞不能像鹦鹉那样，而应该像沉默的雄鹰那样……把音乐的奥妙囚禁在修辞的银色陷阱里；诗歌的奥妙，在于造出虚构的玫瑰，却散发出春天的气息；因此，（艺术容不下）文学上的资产阶级，也看不惯陈词滥调。”

诗歌的奥妙，在于造出

虚构的玫瑰，却散发出春天的气息。

而比森特·维多夫罗则说：

不要为玫瑰歌唱

而要用诗歌使其绽放

不论是“造”还是“使”（均源于动词 hacer），两人都先后提到了诗人（不论是男诗人还是女诗人——用荣誉争取了创作自由的希腊女诗人的接班人）“创造”的本性，而这也是“诗人”和“创造者”在希腊语和拉丁语里的词源含义。

更有趣的是，维多夫罗比聂鲁达大十一岁，并曾和达里奥在同一时代生活、创作。

鲁文·达里奥逝世时，聂鲁达正读初中一年级的文科课程。佩德罗·普拉多已开始倡导抛开达里奥的影响来探寻新的诗歌道路。不难想象，年轻人也试图把自己的创作从

《蓝》作者的魔咒中解放出来。

此外，尼卡诺尔·帕拉也在他1963年的诗集《宣言》[①]里写道：

我们谴责
——恕我恭敬地指出——
“小小上帝”之诗
不可侵犯的圣牛之诗
剑拔弩张的怒牛之诗

小说家埃尔南·瓦尔德斯曾和聂鲁达乘同一艘船旅行。瓦尔德斯是“50年代作家”中头脑最清醒的。他曾在布拉格学过电影，在智利天主教大学的“国家现实研究中心”工作，政变后被捕，遭严刑拷打后被关押在一个集中营里——瓦尔德斯曾在他的小说《绿瓦》里讲到这段经历。按照瓦尔德斯的日记，和聂鲁达同船旅行是在1970年的时候。聂鲁达在年轻作家之家造成的分歧和冲突让瓦尔德斯得出了这样的结论：

① 尼卡诺尔·帕拉《宣言》（传真版）（1963），安德烈斯·贝佑大学外延及通信处。

"聂鲁达现象"在当代社会是史无前例的。我认为，聂鲁达是最后一个通过诗歌与社会建立对话的个人。也许今后不会出现这样复杂的社会环境让诗歌打破它的精英传播圈子——诗歌有专业化的趋势，它逐渐进入大学校园；诗歌也有内部化趋势，它在诗人之间的传播越来越多……我们了解的聂鲁达几乎可以说是他特定历史、政治环境和他个人立场与使命的产物；在那个时代，诗歌仍然具有唤醒公众意识的力量……

关于这一点，聂鲁达也曾给自己五十三岁那年在巴西出版的诗集作序时简要提过：

我不接受"诗歌从理论开始"这样的说法；我想邀请所有人跟我一起，到智利南方的栎树林里走一走——是那里让我萌生了对大地的热爱；我邀请所有人跟我一起，到一座袜子工厂里看一看、去一家锰矿走一走（那里的工人认识我），或者到任何一家有炸鱼的小馆子里坐一坐。

埃尔南·瓦尔德斯在他的日记中写下的感言与诗人的

主张异曲同工：

> 聂鲁达从不是个所谓的知识分子，因为他从未像知识分子那样，用科学方法研究现实、质疑现实；我们意识到这点可能太晚了——聂鲁达是一个诗人。就像智利诗人特奥菲罗·希德所说的那样，聂鲁达是“一条扎根于大地的、感性的虫”，一个触景伤情的人，和第一个对美洲现实进行感性认识的作家。聂鲁达之前的作家对美洲的现实仅限于描述和记录（与诗人同时代的卡彭铁尔除外），而这是在美洲的社会学家诞生之前。聂鲁达的诗句是当时读者寻找、辨识美洲宏伟现实的线索。要求聂鲁达的诗具备诗歌以外的能力是一种天真的想法，也超出了他作品的范畴。

路易斯·奥亚逊在《私人日记》中也点到了聂鲁达诗歌的精髓：

> 聂鲁达代表一种原始状态；他不完全是我们时代的革命者，因为他并没被文明“驯化”。我们必须理解的一点是，聂鲁达在诗人之前——这也是他诗歌的力量

所在——他是个孩子，是个俗世的抒情诗人，是个情感炽烈的丘比特：他热爱思想背后的人，胜于思想背后的科学、哲思或所谓的宗教之爱。聂鲁达歌唱、赞颂共同之处，他对认同感有种本能的、吟唱的冲动！

城春草木深

1973 年 9 月 10 日，智利政变前夕，聂鲁达虽然卧病在床，但仍忧心国内的政治形势。他大力支持自己的政党——智利共产党“对内战说不”的立场。大多数人并没有做好开战的准备，但军队还是宣战了。监狱和拘留所黑板上的名单也标着“战犯”二字。尽管如此，左翼政党和天主教会并不了解这一现实，而是把囚犯们归为“受害者”，致使他们无法受到国际法的保护。政变破坏了公民集会的空间，中断了交流的渠道，禁止了政治会议、文学沙龙和各种类型的聚会。军政府下令禁止人民成群出动、在公共场合集会，就算街角也不行。

烧杀抢掠后的圣地亚哥四分五裂。毁灭的开始是对莫内达宫的轰炸。这壮美的总统府由建筑师华金·托艾斯卡设计，是智利殖民时代末期最杰出的建筑作品。1812年的9月30日，卡雷拉总统曾在这里给智利共和国第一枚国徽揭幕。

聂鲁达的家也没能逃脱狂轰滥炸。诗人在瓦尔帕莱索的家“塞巴斯提安娜”被洗劫一空，马蒂尔德决定把它维持原样，作为军政府野蛮行径的证据。

“巧思宫”的受损程度直到聂鲁达9月23日逝世、遗体转移回家后才被充分意识到。这座圣母山脚下的三层小楼的水管管道完全被堵塞了——清理完毕后，才发现作家的许多藏画——包括智利画家胡里奥·阿西亚雷斯、胡安娜·雷卡洛斯、费德里克·洛塞、玛利亚·莫沃、路易斯·埃雷拉·格瓦拉、佛图纳托·圣马丁等人的作品——堵住了管道，但画作早已在污水浸泡下腐烂了。也许赛丽亚·卡斯特罗[①]——智利十九世纪末二十世纪初最重要的画家之一的作品也葬身于此。有聂鲁达手稿为证：

① 赛丽亚·卡斯特罗（1860—1930），智利第一位科班出身的女画家，油画常表现贫苦大众的不幸。

请你们去邮局问问我让潘丘给我捎的新桌子。他还给我带了两幅静物油画，说放在楼梯旁边了，一幅是赛丽亚·卡斯特罗的，画里有张《信使报》；另一幅是一个墨西哥女画家的作品，画里有个大酒瓶和一杯水……（1973年1月19日，于黑岛）

聂鲁达是属于城市的动物，是与集体、与游行抗议，与团体、与小区和城市同呼吸共命运的政治动物，他认为智利军队向人民的宣战使全国陷入了西班牙内战般的黑暗。时间仿佛倒流。

聂鲁达曾在斯德哥尔摩领取诺贝尔文学奖时在演讲中引用法国诗人兰波的诗句来表达自己对人类未来的信念：

“黎明的时候，怀着火热的耐心，我们将攻克那光辉的城池。”

但如今，诗人长眠于满目疮痍的圣地亚哥。

军政府对人民的恶战意味着群众无法攻克“那给全人

聂鲁达与马蒂尔德在圣地亚哥的陵墓，
1985 年（豪尔赫·阿拉维纳·雅安卡摄影）。
出处：智利国家图书馆作家档案

类以光明、正义和尊严的光辉城池”。聂鲁达曾在美洲的大陆上找到了让乌托邦存在的时空，失去进入乌托邦的权利，对诗人来说就等同于死亡。面对迫在眉睫的威胁，诗人因城市的命运忧心忡忡。

在他死后出版的诗集中，聂鲁达曾表达了他直到生命最后一刻也不减的对圣地亚哥的担忧：

城市的郊区
有着乌黑的牙齿和
饥饿的墙壁……
圣地亚哥
我祖国的头脑
倚着绵长的安第斯山脉
靠在雪筑的大船边……
圣地亚哥，你是那
污浊、血染、被唾弃的继承人
我们从领主和他淫威下
继承被暗杀的
黯然的你

城市啊，你是我们的心脏
受诅咒的女儿，
我怎样才能洗净你的脸庞
怎样才能
让春天，让花草的芬芳
重驻你的肌肤
怎样才能
与你共生，
点燃你的热情
闭上双眼，赶走死神
让你重生，让你繁盛
给你新的双手、新的双眸
给你住满人的房屋，光明的花朵！

（《海与钟》）

加夫列拉·米斯特拉尔曾预言，聂鲁达不但能从他千疮百孔的国家里、城市中许给智利一个诗意的未来，还能保持他诗歌和形象的不朽。女教育家曾说：

让我们说说这个美丽的字眼——美洲的秉性。聂鲁达的诗常常让人想起惠特曼：这不仅反映在聂鲁达对长句的使用中，也反映在他作为美洲人无拘无束的态度上。美洲的秉性流露于这部作品坚毅的活力、乐观的勇气，和苦涩而强大的创造力中。

不得不说，女教育家的一番话妙言要道。

而事实也正是这样：不论是聂鲁达、米斯特拉尔还是任何诗人，他们的任务都不是建设“光辉的城池”，而是像摩西一样，察觉并宣布应许之地的到来。

附录一

从认识论角度看聂鲁达

拉米罗·因松萨

第一章
诗人的政治身份

一次采访中，有人曾问聂鲁达，“新人”的本质是什么。诗人回答说：新人是政治人物、是诗人，也是有血有肉的自然人。

看来，诗人想淡化甚至忘却自己写过“政治诗”这一事实，就好像政治并没有渗入我们所经历的一切一样。

聂鲁达是人民团结战线里的积极分子，他一定程度上帮助萨尔瓦多·阿连德1970年成功竞选总统。智利共产党也曾委任聂鲁达代表共产党参加总统大选，但他参与竞选的目的不是自己当选，而是促进选民团结在阿连德周围。

聂鲁达曾说："不论是最卑微还是最骄戾的人，都有共同建设祖国的时运。"

政治人、诗人、自然人——聂鲁达曾以此顺序来描述自己对新人的期盼，这也是我们如今所应奋斗的目标。

第二章 黑岛

聂鲁达基金会的章程——1982年胡安·奥古斯丁·亚瓦尔和马蒂尔德·乌鲁蒂亚共同撰写的文件，提到黑岛时曾如是说：

> 我愿意在诗人生前居住的黑岛之家用地上设立博物馆，但前提是此不动产必须在不受任何限制、没有

任何附加条件、博物馆管理或人员聘任不受政府任何形式干涉的情况下以此目的进行转让。如不满足上述条件，则博物馆应在其他地方设立，最好是蓬塔特拉尔卡市。

基金会1982年的章程中也指出，这块地产严格意义上讲已不属于聂鲁达本人而是归智利共产党所有。虽然地产归公后我们能得到金钱上的补偿，但毫无疑问的是，这给基金会的财产和感情都造成了伤害。

第三章
对比阅读及分析

第一条

有必要将聂鲁达与律师、共产党员塞尔吉奥·因松萨·巴里奥斯1973年5月9日共同起草的文件之中表达的意愿和马蒂尔德与律师胡安·奥古斯丁·菲格罗阿·亚瓦尔于1982年1月15日起草的文件作对比。

聂鲁达的意愿是设立“坎塔劳基金会”：他为此捐出了

一块位于蓬塔特拉卡尔市的土地，并在 1973 年起草的文件里详细讨论了关于基金会的设想。

设立故居博物馆并不是诗人的原意，聂鲁达也没有表达过以自己的名义设立巴勃罗·聂鲁达基金会来突出诗人的生活和作品的愿望。

两份文件的开头很相似，讲的都是“设立一家非盈利性质的慈善基金会，旨在促进文学、艺术和科学的传播，尤其是在圣安东尼奥镇和瓦尔帕莱索市之间沿岸地区文艺科学的传播。基金会还计划将其影响力和活动范围扩大到智利全国和海外”。

但 1982 年文件的第一条把组织的名字“坎塔劳基金会”改为了“巴勃罗·聂鲁达基金会”，把基金会目的局限在“发展传播文学和艺术”，把“科学”二字剔了出去，也没有提到地区范围这一概念。

接下来，两份文件均通过引用诗人的原话，表达基金会开展的活动将不受上述条款限制：

设想到2000年以后，诗人为了在全世界分配诗歌而领导叛乱——这是不可能的。

诗歌的传播是人类进步、发展的结果，也是各个民族接触图书和文化的必然后果。

诗人不可能都成为统治者或者君主——他们有人已经这样做了：有的很糟糕，有的还凑合。

在很多情况下，政府与人民都有公共的交流渠道；而诗歌则是传达人类苦难的秘密渠道。

如果我们肯吸取历史的教训，就应该聆听诗人。

聂鲁达推荐群众读荷马史诗、读埃尔西利亚的智利史诗，读在他之前就用诗歌诠释过历史的诗人的作品。诗人在1973年和律师、共产党员、阿连德的司法部长——塞尔吉奥·因松萨·巴里奥斯律师起草的文件中也提到了这一点：

启用并建设基金会所需的建筑工程，包括给智利和外国作家、艺术家和科学家提供集会和留宿的地方。

1982年的文件则把“和”改成了“或”。值得一提的是，九十年代的时候，聂鲁达基金会和智利建筑师协会曾赞助了一场建筑大赛，来鼓励众人以竞标的方式来完成诗人的遗愿，但中标的项目至今仍未开工。

我们来对比一下1973年和1982年两份文件中的相应部分：

1973年：

建设宾客住宿处；

建设剧院（两份文件中都有提到，但1973年的文件中补充说剧院对周边居民开放）；

建设可供展览瓷器和雕塑的露天和室内空间；

布置常设软体贝壳展览、小水族馆，来供研究人员和公众参观、娱乐。

1982年的文件把软体贝壳（conquiliología）错写成了cogniliologia。两份文件都提到，基金会为了更好地实现其目标可以与政府机构、自治半政府机构、区政府、国内外和国际私营机构签署协议。

关于这点，两份文件开头的措辞大同小异，但1982年的文件仅写着“与智利或其他任何国家的文学、艺术和科学机构开展来往”。1973 年的文件还注明“对机构的选择不受国家政权的影响”。奇怪的是，此处 1982 年的文件并没有省略“科学”二字。

值得一提的是，对政治因素的省略体现了本文第一部分里所提到的论点。

此外，1973 年的文件中提到，基金会也旨在参加与国家利益相关的航海和海洋学方面的研究项目。1982 年的文件又把“和”改成了“或”。

两份文件均提出，基金会旨在促进文学、艺术和科学作品的创作和传播。1982 年的文件补充了一点——“不论是通过竞赛、有奖大赛还是其他方式。”

第二条

两份文件的措辞相同，但 1982 年的文件中把住所定义为圣地亚哥，但对基金会在国内外开展的活动不做任何限制。

第三条

两份文件均称，基金会的存续时限为无限期。

第四条

关于基金会的资产：

1973 年的文件中指出，基金会的资产包括：

甲）位于瓦尔帕莱索大区卡萨布兰卡省蓬塔特拉卡尔市奇斯克区的不动产，按照在卡萨布兰卡省不动产登记记录所述，瓦伊勒姆河口第 22 号地；登记号为第 59 号，后在同一登记处修改，新记录登记在第 112 号地，作为坎塔劳基金会的资产。

兹登记。基金会对上述地产拥有使用权和地役权。

1982 年的文件写道：

基金会的资产将由包括以下：

甲）本人遗产和按照本遗嘱约定归划的资产

此处，马蒂尔德的律师胡安·奥古斯丁·菲格罗阿·亚瓦尔补充了“军政府归还给聂鲁达未亡人、位于黑岛的房产”，然而律师并不了解这处房产已经在一场官司里判给智利共产党并归公登记了。

1982 年的文件里还写道：

资产来源还包括

乙）公共、私人、区政府、国家政府或半政府机构、外国及国际机构捐赠的资产，以及

丙）免费或有偿取得的资产

此外，1973 年文件的“丁）项”还补充“为上述资产所取得的（公共、私人、区政府……资产）”，1982 年合同“丁）项”措辞为“因上述资产而取得的”。

两份文件的“戊）项”均提到“以及社区成员的捐赠”。

聂鲁达百年诞辰的时候，智利共产党就曾提出，可以考虑带头组织庆祝活动，条件是共产党能在其资助的基金

会活动中扮演主角。这种捐赠就属于“社区成员的捐赠”的范畴。

第五条

关于基金会的管理方法：在这一条上，1973 年聂鲁达的原意和 1982 年马蒂尔德的想法出入较大。

我们来对比一下：

1973 年的文件里董事会和执行委员会 7 名成员，包括：

巴勃罗·聂鲁达的两名代表；

智利大学校长、智利天主教大学校长、智利国家技术大学（现圣地亚哥大学）校长或其代表；

一位总工会代表；

一位智利作家协会代表。

而 1982 年的文件则没有对此做任何规定。

附录二

聂鲁达一百周年诞辰时的坎塔劳

坎塔劳

法律文件写道：

“坎塔劳”是聂鲁达 1970 年设想、旨在促进艺术和文化发展的基金会。

诗人曾写道：

设立一家非盈利性质的慈善基金会，旨在促进文学、艺术和科学的传播，尤其是在圣安东尼奥镇和瓦尔帕莱索市之间沿岸地区文艺科学的传播。基金会还计划将其影响力和活动范围扩大到智利全国和海外。

为达到上述目的，基金会可开展所有其认为合适的活动，包括但不限于以下列举的活动：

• 启用并建设基金会所需的建筑工程，包括给智利和外国作家、艺术家和科学家提供集会和留宿的地方；

• 建设宾客住宿处；

• 建设剧院；剧院对周边居民开放；

• 建设可供展览瓷器和雕塑的露天和室内空间；

• 布置常设软体贝壳展览、小水族馆，来供研究人员和公众参观、娱乐；

• 基金会为了更好地实现其目标可以与政府机构、自治半政府机构、区政府、国内外和国际私营机构签署协议；

• 与智利或其他任何国家的文学、艺术和科学机构开展来往，对机构的选择不受国家政权的影响；

• 参加与国家利益相关的航海和海洋学方面的研究项目；

• 促进文学、艺术和科学作品的创作和传播。

今日，也就是2003年7月11日，我们宣布开展建设

“坎塔劳社群”，计划于2004年7月——即全世界庆祝聂鲁达百年诞辰的月份——完成建设工作。

坎塔劳基金会旨在团结公民、艺术家、科学家、社会组织、政治机构、文化机构和智利人民来共同纪念巴勃罗·聂鲁达一百周年诞辰。

因此，我们邀请智利全国人民从2003年7月到诗人祭日三十周年——即2003年9月23日期间做好准备，并参加为纪念聂鲁达而开展的官方和民间活动。

此庆祝活动旨在对抗当今文化活动中泛滥成灾的平庸现象，并围绕“坎塔劳”的创意来组建巴勃罗·聂鲁达百年诞辰项目委员会。委员会号召所有人踊跃参与，把聂鲁达带上街头，带进广场，带到公共场所，并把他的博爱和对社会的使命感展现给大家。我们的目标是把诗人变成一场文化运动。

我们邀请大家通过聂鲁达热爱的群众行动，以及诗人的作品和梦想来复兴诗人的形象。让我们在诗人一百周年诞辰之际，震撼智利、感动世界！

我们是“运动中的文化”，热烈欢迎您的参加！

承办人：

费尔南多·奇洛德兰（智利作家协会主席、作家）

阿尼巴尔·雷伊那（演员）

佩吉·科尔德罗（演员）

波利·德拉诺（作家、智利文学协会成员）

弗朗西斯科·威亚（民谣歌手）

何塞·巴尔梅斯（画家、智利画家雕塑家协会成员）

奥斯卡·埃尔南德斯（演员）

费尔南多·加西亚（作曲家、全国音乐奖获得者）

黛丽亚·德·卡瑞尔基金会

智利作家协会

智利画家、雕塑家协会

和“运动中的文化”三百多位艺术家和机构成员

运动中的文化

www.culturaenmovimiento.cl

参考文献

玛格丽塔·阿吉雷：《聂鲁达其文与其人》，布宜诺斯艾利斯高等院校出版社，1967。

——：《巴勃罗·聂鲁达与艾克托·艾安蒂之间的在创作〈大地上的居所〉期间的通信》，布宜诺斯艾利斯南美出版社，1980。

雷昂尼达斯·阿吉雷·席尔瓦：《巴勃罗·聂鲁达在国会的演讲（1945—1948）》，南极出版社，1997。

海梅·阿拉兹拉奇：《豪尔赫·路易斯·博尔赫斯》，西班牙马德里金牛出版社，1976。

希罗·阿莱格里亚：《回忆录：苦尽甘来话人生》，布宜诺斯艾利斯洛萨达出版社，1976。

罗伯托·阿里法诺：《船头》杂志文艺对话录："聂鲁达与博尔赫斯：一段关于文艺的秘密往来简史"。第三期对话录第1部，1999年6月。

阿洛内：《智利二十世纪文学大观》，纳西门托出版社，1931。

拉斐尔·阿尔韦蒂：《"小蚂蚁"和其他缺页》，西班牙马德里《国家报》，1985年11月10日。

《安可拉杂志》第六期。大学文化杂志社，1972。

劳拉·阿鲁埃：《回忆的窗口》，纳西门托出版社，1982。

马丁·塞尔达：《破碎的话语》，瓦尔帕莱索，高等教育出版社，1982。

黛丽亚·德·卡瑞尔：智利天主教大学外研中心画展目录，1991年10月。

胡里奥·艾斯卡美斯：《聂鲁达青少年时代：1906—1921年》，康赛普西翁大学出版社，2004。

约翰·费尔斯迪那：《智利大学编年史》第157—160号，1971年1月—12月。

玛利亚·艾斯特·吉格里奥：《主人公和幸存者》，蒙得维的亚方舟出版社，1968。

——：《新兴人物》，布宜诺斯艾利斯花儿出版社，1986。

马蒂尔德·拉德龙·德·格瓦拉：《一个智利女人的流亡日

记》，埃内斯托·萨瓦托作序。巴塞罗那方塔马拉出版社，1983。

巴勃罗·聂鲁达：

—：《夕照》，纳西门托出版社，1919。

—：《二十首情诗和一支绝望的歌》，纳西门托出版社，1924。

—：《大地上的居所》（第一部），1933年首印100册，纳西门托出版社。

—：《西班牙在我心中》（对战争中民族的赞歌），圣地亚哥埃尔西利亚出版社，1938。

—：《第三个居所》，阿根廷洛萨达出版社，1947。

—：《居民及其希望》，纳西门托出版社，1926。

—：《葡萄园和风》，纳西门托出版社，1954。

—：《政治诗歌》，南方出版社，1953。

—：《我坦言我曾历尽沧桑》，布宜诺斯艾利斯洛萨达出版社，1974。

—：《我命该出世》，巴塞罗那塞依斯·巴拉尔出版社，1978。

—（匿名出版）《船长之歌》，布宜诺斯艾利斯洛萨达出版社，1959。

—：《黑岛纪事》，洛萨达出版社，1964。

—：《世界尽头》，阿根廷洛萨达出版社，1969。

—：《英雄事业的赞歌》，古巴国家出版社，1960。

—：《巴勃罗·聂鲁达：人民诗人诗歌选集》，阿连德政府出版社，1972。

—：《鼓动刺杀尼克松并赞美智利革命》，基曼图出版社，1973。

—：《大提特拉花之颂》，未出版的聂鲁达诗集和马蒂尔德·乌鲁蒂亚的蜡叶集，由拉米罗·因松萨编辑，辛特西斯基金会出版，2002。

吉列尔莫·努涅斯：《口述肖像》，南极出版社，1993。

艾德蒙多·奥利瓦雷斯：《巴勃罗·聂鲁达：通行东方的路——追随游吟诗人的脚步（1927—1933）》，龙姆出版社，2000。

路易斯·奥亚逊：《私人日记（1920—1972）》，莱昂尼达斯·莫拉雷斯编辑出版。

奥莱斯特·普拉斯：《阿尔韦托·罗哈斯·希门内斯漫步在黎明》，与胡安·卡米罗·洛尔卡和佩德罗·巴勃罗·塞赫斯合著，智利国家图书馆档案系统巴罗斯·阿拉那研究中心，1994。

路易斯·珀伊洛特：《聂鲁达：勾画消失的身影》，洛桑德斯阿彻特出版社，1991。

达里奥·普契尼：《聂鲁达给萨瓦特·埃尔卡斯蒂的四封信》，加拉加斯《文学理论与批评》第16刊，07–12，1983。

贝尔纳多·雷耶斯：《聂鲁达家庭肖像（1904—1920）》，多尔门出版社／波多黎各大学出版社，圣地亚哥，1997。

马里奥·罗德里格斯·费尔南德斯：《寻找快乐的空间：聂鲁达诗歌中家的形象》，智利大学编年史第157—160号，1971年1月—12月。

米格尔·罗哈斯·米克斯：《智利艺术形象》，智利高等教育出版社，1970。

奥丽嘉·乌里扬诺娃：《写在西班牙内战六十周年：国际纵队的智利战士们》，智利大学高等历史学院杂志2006年第5期(http：//web.usach.cl/revistaidea/)

马蒂尔德·乌鲁蒂亚：《与聂鲁达厮守的岁月（回忆录）》，塞依斯·巴拉尔出版社，圣地亚哥，1987。

埃尔南·瓦尔德斯：《与聂鲁达同船旅行和年轻诗人之间的分歧》，智利大学编年史第157—160号，1971年1月—12月。

玛利亚·艾斯特·瓦斯凯斯：《博尔赫斯：意象、回忆与对话》，加拉加斯阿维拉山出版社，1980。

维吉尼亚·维达尔：《我心中的聂鲁达：访黛丽亚·德·卡瑞尔》，《环球时事》杂志第60刊，1972年11月。转载登于智利天主教大学外研中心黛丽亚个人画展目录中，1991年10月。

玛利亚·弗洛拉·亚涅斯：《我的一生》，纳西门托出版社，1980。

译者的话

双面聂鲁达和智利女作家

智利翻译协会成员，本书译者　**崔子琳**

不论在国内，还是在海外，一提到智利的诺贝尔奖诗人巴勃罗·聂鲁达，经常引起非常两极化的印象：有人认为聂鲁达是爱情诗人；有的人则认为他是政治诗人。我还记得，十多年前上初中时就曾读过聂鲁达的革命诗，大学时读西语文学鉴赏，第一次接触诗人成名作《二十首情诗和一支绝望的歌》，读到“女人的肉体，雪白的山丘，雪白的大腿，你献身的姿态像这个世界”时被年轻诗人的感性和激情震撼了。我也产生了疑问，聂鲁达到底是爱国斗士，还是风流才子？这疑问一直萦绕在我心头，直到读到智利女作家《聂鲁达：闪烁的记忆》中一个关于“双面绣”的比喻才豁然开朗：

对于聂鲁达来说，政治信仰就像土著民族的挂毯或东尼维镇斗篷的纵横条纹一样：挂毯和斗篷都是双面绣，虽然采用的是同一绣法，但一面绣出了社会民生，而另一面则织出了诗情画意。而这也像聂鲁达的一生、他的陨落和其死而不朽的人性光辉，不仅在二十世纪影响深远，甚至如今仍有鲜活的现实意义。聂鲁达用诗歌颂扬草木、鸟兽、汪洋、建筑工人，通过文学和自己的一举一动诠释着诗人的政治身份。

初识维吉尼亚，是圣地亚哥去年冬天的一个阴冷的下午。1932 年出生的维吉尼亚孤身一人住在纽纽阿区的公寓里。在她的家里，墙上挂着智利著名画家吉列尔莫·努涅兹的画，对面的长桌上摆满了各式各样的物品：中国的青花瓷瓶、茶叶罐、古董；旁边是遮住了一整面墙的各种藏书。我和记者朋友薇薇安·拉文一进门，维吉尼亚就颤巍巍地从椅子上起身："你就是想翻译我的书的那个中国女孩子！"并亲了亲我的面颊。很难想象这位瘦弱矮小的女人、说几句话就气喘咳嗽的老人居然是前一天我电邮要求见面不到一小时后就回信、今年 5 月刚刚出版了聂鲁达传记的作家，而且这是她那年出版的第二本书！

维吉尼亚在圣地亚哥的家中

维吉尼亚在书中讲到，古巴革命的一个重要“后果”——虽然这也许是后世研究最少、最不重视的结果之一——就是它几乎在全球范围掀起了一波学习西班牙语的热潮。六十年代初，随着全球对古巴革命和古巴关注的升温，世界各地的大学纷纷开始设立西班牙语课程，给西班牙语讲师的邀请函也像雪片一样飞来，古巴的政治盟友国家更不例外。而对西班牙语传播推波助澜的则是代表西班牙语国家文化力量的艺术；通过对智利一草一木、一花一贝的赞颂，对爱情、对自由的追求，和对拉美广大劳苦人民命运的悲悯，聂鲁达成了智利，也成了南美最有影响的文化大使之一。而随着西语文学和教学的传播，维吉尼亚也曾在半个多世纪前随全家来到中国教授西班牙语，并获得了周总理亲笔签发的证书和奖章。

说起聂鲁达的这本传记，维吉尼亚说：“这不是一本传统意义上的传记，它是回忆录、传记的混合体；我想从朋友的角度，从女性的视角来展示聂鲁达其人、其事、其诗，以及他对传播拉美文化和西班牙语的推动——他让世界认识了智利，用《马丘比丘之巅》为秘鲁旅游业做了贡献，用《漫歌》让世界了解了拉美的历史和追求。但作为一个有血有肉的人，聂鲁达也有很多的弱点，比如他认识阿根廷画家黛丽亚以后抛弃了他的原配和唯一的女儿，认识了歌手马蒂尔德以后又背着黛丽亚和新欢到圣地亚哥的家里同居，最后还和借宿在他黑岛之家、马蒂尔德的侄女阿丽西亚有了一段地下恋情。我的传记并不想美化聂鲁达，或者给他盖棺定论，而是通过我的观察和我与聂鲁达以及和他身边的人相处的故事，包括一些曾经不为人知的细节，来让读者捕捉到聂鲁达一个尽量复杂、完整又不失矛盾的形象。”

在智利社会中，聂鲁达代表着一种我行我素的生活方式：在一个阶级意识根深蒂固、巴不得脱开土著的根而效颦欧洲的大环境下，他是个勇于推崇原住民文化艺术和本地特色的人；是一个没有被所谓的“文明”磨圆的人；一个从小反抗父权、年轻时崇尚无政府主义的叛逆者、成年后对法西斯主义口诛笔伐的战士；一个以捍卫一切美好事物为己任的诗人。聂鲁达的三段婚姻、数段情史不但展现了他有血有肉的爱，也表现了诗人对生命本身的深深眷恋。而诗人斗志昂扬的革命诗中所表达的、对智利和对拉美大陆人民的热爱，都根植在对自己拉美身份、文化认同和接受的基础上，从而把其笔下劳苦大众从抽象的概念变成了鲜活的血肉之躯。聂鲁达艺术作品获得的广泛赞誉，也反映了拉美对自己的身份从否认、抗拒、挣扎、纠结，到认可、引以为豪的过程。本书作者以聂鲁达其人和其文为线索，为读者展开了智利以及拉美跌宕起伏的二十世纪的历史画卷。通过作者娓娓道来，读者仿佛沿着聂鲁达的生平和作品走进了时间的隧道，又穿过一扇扇小门，瞥见拉美历史和文化的方方面面。

聂鲁达的诗——尤其是他给一碗海鳗汤、一只苹果、给祖国万物的颂歌——让人们看到，美存在于最平凡、最普通的事物中。就像智利第一位获得诺贝尔文学奖的女诗人、教育家、聂鲁达导师之一的加夫列拉·米斯特拉尔所说，“对美的敏感是一切教育的开端”。本书的作者也和聂鲁达一样感性、有情，从而呈现了一个其他传记里找不到的聂鲁达——那个从没长大的，用诗意的双眼探索世界、表达自己的孩子，和一位用毕生精力追逐美、爱与自由的诗人。

崔子琳

于智利圣地亚哥家中

图书在版编目（CIP）数据

聂鲁达传：闪烁的记忆 /（智）维吉尼亚 · 维达尔著；崔子琳译．— 南京：译林出版社，2017.3
ISBN 978-7-5447-6544-2

Ⅰ. ①聂… Ⅱ. ①维… ②崔… Ⅲ. ①聂鲁达，P.（1904—1973）—生平事迹 Ⅳ．① K837.845.6
中国版本图书馆 CIP 数据核字（2016）第 181011 号

著作权合同登记号 图字：10-2015-476 号

聂鲁达传：闪烁的记忆 [智利] 维吉尼亚 · 维达尔 / 著 崔子琳 / 译

责任编辑 金 薇
装帧设计 陈天岷
责任校对 张 萍
封面插图 张 晗

原文出版 Tilde,2010
出版发行 凤凰出版传媒股份有限公司
译林出版社
出版社地址 南京市湖南路 1 号 A 楼，邮编：210009
电子邮箱 yilin@yilin.com
出版社网址 http://www.yilin.com
经 销 凤凰出版传媒股份有限公司
排 版 南京展望文化发展有限公司
印 刷 江苏凤凰通达印刷有限公司
开 本 850 毫米 ×1168 毫米 1/32
印 张 12.25
插 页 4 页
字 数 188 千
版 次 2017 年 3 月第 1 版 2017 年 3 月第 1 次印刷
书 号 ISBN 978-7-5447-6544-2
定 价 49.00 元